KOR
SI
KA

INSIDER-TIPP
Deine
Abkürzung
ins Erleben!

Reisen mit MARCO POLO
Insider-Tipps

MARCO POLO TOP-HIGHLIGHTS

NONZA ⭐1
Schwarze Perle! Schieferdorf mit Wachtturm, schwarzem Strand und einem Cedrat-Museum.

➤ S. 48, Der Norden

SANT'ANTONINO ⭐2
Korsikas ältestes Dorf ist das schönste Adlernest der Balagne. Alte Gässchen und Weitblick bis zum Mittelmeer.

➤ S. 55, Der Norden

CALVI ⭐3
Die Festungsstadt punktet mit Flair, Altstadtshopping und Endlosstrand in einer Halbmondbucht.
📷 *Tipp: Frühmorgens ist die Festung menschenleer. Von der Wehrmauer siehst du Calvi leuchtend im Morgenlicht.*

➤ S. 56, Der Norden

GOLF VON PORTO ⭐4
Rote Klippen, nackte Felsinseln, grüne Macchia und blaues Meer: das Farbenspiel der Bucht wurde von der Unesco zum Welterbe erklärt.

➤ S. 66, Der Westen

CALANCHES DE PIANA ⭐5
Tiere, Fabelwesen und Menschenköpfe aus rotem Granit: Felsen voller Fantasie!
📷 *Tipp: Mehr Spannung ins Bild bringst du, wenn du den Horizont von der Mitte nach oben oder unten verlegst.*

➤ S. 67, Der Westen

SCALA DI SANTA REGINA ⭐6
Der Zugang ins Niolo-Hochtal führt durch diese tiefe, enge Klamm – mit dem Auto oder zu Fuß.

➤ S. 82, Das Bergland im Inneren

LAC DE NINO ⭐
Bergspitzen spiegeln sich im le-
gendären See, Wildpferde grasen
auf Blumenwiesen: Schöner hast
du selten gepicknickt.

➤ S. 83, Das Bergland im Inneren

COL DE BAVELLA ⭐
Korsikas Dolomiten sind ein Paradies zum Wandern, Kraxeln und
Canyoning. Los gehts auf der Passhöhe.
📷 *Tipp: Bergwiesen geben eine
tolle Kulisse. Leg dich ins Gras
und lass Blüten vor der Linse
schaukeln.*

➤ S. 112, Der Süden

BONIFACIO ⭐
Die fotogenste Stadt Korsikas liegt
spektakulär hoch oben auf den
Kalkklippen.

➤ S. 121, Der Süden

CAPU DI ROCCAPINA ⭐
Felslöwe und Genueserturm be-
wachen den Traumstrand an der
malerischen Landspitze – auch die
Aussicht ist grandios!
📷 *Tipp: Komm nachmittags – da
lässt die Sonne die Felsen in tie-
fem Rot leuchten.*

➤ S. 125, Der Süden

INHALT

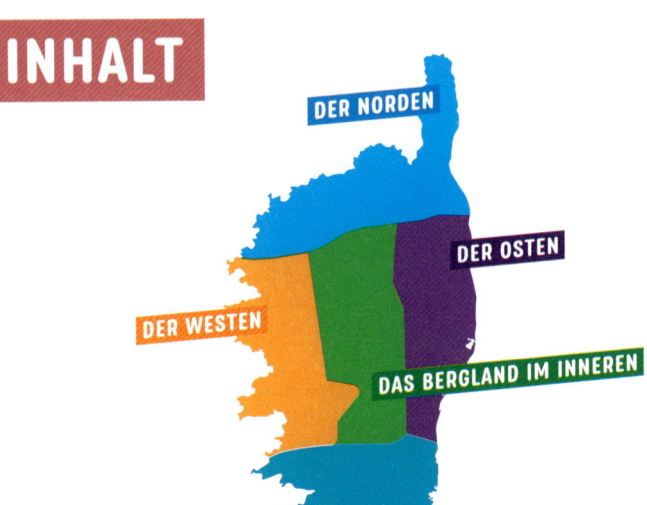

DER NORDEN

DER OSTEN

DER WESTEN

DAS BERGLAND IM INNEREN

DER SÜDEN

🕐	Besuch planen	🍴	Essen/Trinken
€–€€€	Preiskategorien	🛍	Shoppen
(*)	Kostenpflichtige Telefonnummer	🍸	Ausgehen
		🌴	Top-Strände

(□ A2) Herausnehmbare Faltkarte
(0) Außerhalb des Faltkartenausschnitts

BESSER PLANEN MEHR ERLEBEN!

Digitale Extras
go.marcopolo.de/app/ksk

DAS BESTE ZUERST

Am Capu Rossu– gigantische Aussichten über den Golf von Porto

BEST OF

BEI REGEN

SCHÖN, AUCH WENN ES REGNET

PAUSE BEIM WEIN

Patrimonio ist einer der bekanntesten Weinorte. In den *Weinkellern* und Verkaufsräumen (Foto) kannst du Weine aus Trauben kosten, die nur auf Korsika wachsen: Niellucciu, Sciaccarellu und Vermentinu.

➤ S. 50, Der Norden

ZU HAUSE BEI NAPOLEON

Napoleon Bonaparte wird dir (fast) auf Schritt und Tritt begegnen. In Ajaccio, seiner Geburtsstadt, erfährst du im *Maison Bonaparte,* seinem Elternhaus, wie er auf der Treppe geboren wurde – und später eines Nachts Hals über Kopf flüchten musste.

➤ S. 70, Der Westen

EIN HAUCH VON MONTE CARLO

Edel: In der einzigen Spielbank der Insel hat das Glücksspiel noch Glamour. Im *Casino* von Ajaccio sorgen auch die dazugehörende Pianobar und das Restaurant für Unterhaltung solange es regnet – sofern noch nicht alles verspielt ist.

➤ S. 73, Der Westen

ZEITREISE IN DER ZITADELLE

Dort, wo sich Mitte des 15. Jhs. der Statthalter Genuas im sonnengelben Palais verschanzt hat, blättert heute das *Musée de Bastia* die Stadtgeschichte auf.

➤ S. 42, Der Norden

DURCHS BERGLAND RATTERN

Seit 1888 fährt die *Micheline* durch die engen Schluchten und tiefen Täler des korsischen Berglands. Jede Menge Tunnels und Brücken mussten dafür gebaut werden. Die schönsten befinden sich zwischen Corte und Vizzavona. Einsteigen zum Schienenabenteuer! Vor allem bei Reisen mit Kindern ist eine Bahnfahrt eine willkommene Abwechslung bei schlechtem Wetter.

➤ S. 88, Das Bergland im Inneren

BEST OF

LOW-BUDGET

FÜR DEN KLEINEN GELDBEUTEL

ATELIERBESUCHE

Pigna in der Balagne ist das Künstlerdorf Korsikas. In vielen Häusern haben sich Kunsthandwerker niedergelassen, denen du bei ihrer Arbeit über die Schulter schauen kannst. Alle Atelierbesuche sind gratis, die Kunstwerke oft überraschend günstig.

➤ S. 54, Der Norden

FRISCHWASSER

Das Quellwasser, das in vielen Dorfbrunnen sprudelt, ist allerfeinstes Trinkwasser, sauber und voller Mineralien und Spurenelemente. Die Einheimischen füllen es in Kanister ab. Mach es ihnen nach und zapf dir deinen Powerdrink – zum Beispiel am Brunnen in *Ste-Lucie-de-Tallano*.

➤ S. 113, Der Süden

MUSIKGENUSS

Am 21. Juni feiert Frankreich die Fête de la Musique. Auch Korsika macht mit kostenlosen Freiluftkonzerten mit.

Gratis sind oft auch die Übungskonzerte des Conservatoire de Corse Henri Tomasi in Ajaccio oder die *Klosterkonzerte im Couvent d'Alesani*.

➤ S. 99, Der Osten

ZUM WOHL!

Wie Korsikas berühmtes Kastanienbier entsteht, verrät die *Brasserie Pietra* im Juli und August bei kostenlosen Führungen, die mit einer Bierprobe an der Hausbar enden. Prost, oder wie die Korsen sagen: *pace e salute!*

➤ S. 45, Der Norden

DUFTE KRÄUTER

Rosmarin, Thymian (Foto), Oregano, Lorbeer und andere Kräuter geben der korsischen Küche ihre einzigartigen Aromen. Überall in der Macchia kannst du sie sammeln. Getrocknet sind sie ein schönes Mitbringsel. Die Macchia in deinem Garten lässt du mit Samen der *Casa Fiurita* wachsen.

➤ S. 53, Der Norden

![BEST OF MIT KINDERN]

SPANNENDES FÜR GROSS & KLEIN

UNTER SCHILDKRÖTEN

Von Babyschildkröten bis zur Riesenechse zieht die wissenschaftlich geführte Schildkrötenfarm *A Cupulatta* zwischen Ajaccio und Bocognano Dutzende Arten aus der ganzen Welt auf und erforscht sie. Guckt zu, wie die Tiere geschrubbt und gefüttert werden!

➤ S. 75, Der Westen

BONJOUR, ZACKENBARSCH!

Von Bonifacio aus schippern *Glasbodenboote zu den Îles Lavezzi*, einer unbewohnten Inselgruppe im Meerespark zwischen Sardinien und Korsika. Bereits beim Schnorcheln im türkisblauen Mittelmeer kommen dicklippige Zackenbarsche und kunterbunte Minis vor die Brille.

➤ S. 125, Der Süden

HALLO TARZAN!

Lust, in luftiger Höhe durch einen Wald zu balancieren oder an Seilen durch die Lüfte zu gleiten? Outdooranbieter *Rêves de Cimes* sorgt in der Nähe von Vero mit Kletterpark, Canyoning oder Via Ferrata für Nervenkitzel.

➤ S. 33, Sport

STEHPADDELN

Beim Stand-up-Paddeln lernen schon Kinder Körperbeherrschung, trainieren den Gleichgewichtssinn. Und Spaß macht das Ganzkörpertraining auch! Besonders kinderfreundlich sind die Buchten Santa Giulia, Porto-Pollo, Solenzara und Algajola. Am Cap Corse zeigt die *École de Stand-Up Paddle,* wie es geht.

➤ S. 49, Der Norden

BADEN UND WANDERN

Plätschernde Bäche und verwunschene Wälder sind prima Naturspielplätze. Am *Polischellu-Bach* wandern Kinder gerne, lockt doch eine Badestelle nach der anderen zu einer Pause.

➤ S. 107, Der Osten

BEST OF
TYPISCH
DAS ERLEBST DU NUR HIER

WURST & KÄSE

Korsika ist bekannt für seine hervorragenden Fleisch-, Wurst- und Käseprodukte. Der Frischkäse *Brocciu* aus Schafs- oder Ziegenmilch wandert in Nudelgerichte, Kuchen und Desserts. All die lukullischen Spezialitäten kannst du auf dem schönsten *Markt in Ajaccio* (Foto) genießen.

➤ S. 73, Der Westen

BERGSEEN

Am Ende des Restonica-Tals beginnt die vierstündige Wanderung zum *Melo- und Capitello-See*. Beide sind Überbleihsel der letzten Eiszelt. Die familientaugliche Tour bietet alles, was die hochalpine Landschaft Korsikas ausmacht.

➤ S. 87, Das Bergland im Inneren

NEUSTEINZEIT

Dolmen, Rundtürme und Zyklopenmauern: Bereits im Neolithikum war Korsika bewohnt. Älteste Korsin ist die 8600 Jahre alte „Dame von Bonifacio", deren Skelett du im *Musée de l'Alta Rocca* bestaunen kannst. Weitere Zeugnisse der Vorzeit findest du in Filitosa, Cucuruzzu und Capula.

➤ S. 113, Der Süden

WACHTÜRME

Während der genuesischen Epoche entstand ein perfektes Fruhwarnsystem an den Küsten mit über 80 Wachtürmen. Ein sehr gut erhaltenes Exemplar findest du auf dem *Capu Rossu* am südlichen Ende des Golfs von Porto. Eine dreistündige Wanderung bringt dich hin.

➤ S. 67, Der Westen

BADEN IM FLUSS

In kaum einer Region Europas kannst du so herrlich in glasklaren Flüssen baden. Die *Solenzara* im Südosten mit ihren vielen Badebecken hat für jeden ein idyllisches Plätzchen.

➤ S. 18, 107, Der Osten

SO TICKT KORSIKA

Saftige Weide: an den *pozzi* beim Lac de Nino

ENTDECKE KORSIKA

Nah am Wasser gebaut: Bonifacio thront am Klippenrand

Kalliste! Die Schönste! Für die namensgebenden Griechen war dies schon in der Antike klar. Sizilien, Sardinien und Zypern schlagen Korsika zwar bei der Größe, doch keine der Konkurrentinnen vereint auf 9000 km^2 so abwechslungsreiche Landschaften, kulturelle Highlights, charmante Dörfer und Städte – und mediterrane Lebenslust.

STRAND ODER STEILKÜSTE?

Und auch das ist anders: „Gebirge im Meer" wird Korsika gerne genannt. Nicht einmal 30 km vom Strand ragen 70 Gipfel über 2000 m hoch auf. Bis in den Juni hinein kannst du hier Schneebälle werfen – und dich freuen, dass das Meer um Korsika mit schon 20 Grad badewarm ist. 1047 km Küste voller Vielfalt locken. Die endlosen Sandstrände, die an der Ostküste sanft ins Meer abfallen, begeis-

3500–1000 v. Chr.
Megalithkultur; die Menhire entstehen

259 v. Chr.
Eroberung durch die Römer

9.–11. Jh.
Sarazenenüberfälle

1284
Korsika fällt an Genua

1755
Pasquale Paoli erkämpft Korsikas Unabhängigkeit

1769
Korsika fällt an Frankreich; Napoleon kommt zur Welt

1942/43
Zweiter Weltkrieg: Besetzung durch deutsche und italienische Truppen

tern Familien und FKK-Fans gleichermaßen. Die raue, stark zerklüftete Westseite mit ihren Steilküsten und Fabelwesen aus Fels ist perfekt zum Tauchen und Segeln. Die Flüsse, die nach der Schneeschmelze wild zur Küste rauschen, haben schroffe Täler und tiefe Schluchten gegraben und im Osten an den Unterläufen Schwemmland aufgeschüttet, auf dem Wein, Getreide und Obst gedeihen. An ihren Mündungen breiten sich die herrlichsten Strände aus: mal grobsandig, den Winden ausgesetzt, mit rasanter Meeresströmung, mal mit feinsandigen Halbmondbuchten und glitzernd klarer See wie bei Calvi im Nordwesten oder bei Pinarellu und Rondinara im Südosten. Dünen, Pinien und Lagunen, aufragende Felsen und Wachtürme – die Umgebung der Strände ist ebenso faszinierend wie der Blick auf die Berge.

DUFTENDE BERGE

Korsikas Höhen sind geologisch zweigeteilt: Im Nordosten erhebt sich ein Schiefermassiv, südlich des Grenzflusses Tavignano ein Granitmassiv. Auf ihren Flanken wuchert bis in 500 m Höhe die Macchia, ganzjährig grün und nahezu undurchdringlich – jahrhundertelang war sie das perfekte Versteck für Ehrenbanditen. Rosmarin, Mastix, Zistrose und Myrte verströmen bei Sonnenschein betörende Düfte. Im Mai, Juni erobert der Blütenflor das Reich der Steineichen und Edelkastanien, die bis in etwa 800 m Höhe lichte Wälder bilden. Höher hinauf klammern sich mächtige Schwarzkiefern und windzerzauste Bu

ab 1970
Die korsische Befreiungsfront FLNC wird gegründet; Serie von Sprengstoffanschlägen

1982
Die Korsen wählen ihr eigenes Regionalparlament

1983
FLNC-Verbot hat neue Gewaltakte zur Folge

2015
Sieg der Separatisten bei den Regionalwahlen

2018
Die Départements Haute-Corse und Corse-du-Sud werden zur Region Korsika vereint; Müllkrise

2021
Regionalwahlen

chen an den Fels, leuchten bunt alpine Blumenwiesen, tiefblau die Gebirgsseen. Hier rauscht ein Wasserfall zu Tal, dort laden Gumpen zum Baden ein. In der zerfurchten Landschaft verstecken sich die Dörfer in Talkesseln, schmiegen sich wie Ota in der Spelunca-Schlucht an Steilhänge oder thronen wie Sant'Antonino in der Balagne als Trutzburgen auf Bergkämmen.

FREMDE HERRSCHER

Die 330 000 Einwohner leben heute überwiegend an der Küste, ein Drittel von ihnen in und um die beiden größten Städte Ajaccio und Bastia. Der Tourismus hat viele Küstendörfer in Badeorte verwandelt. Die Festungen, Wachtürme und wehrhaften Dörfer im Inland dagegen erzählen bis heute von langer Fremdherrschaft. Schon die Griechen gründeten bei Aléria eine Kolonie. Als Rom, Pisa und Genua das Sagen hatten, verlangten die Besatzer hohe Abgaben, ohne die Inselbewohner wirklich zu schützen. So konnten Sarazenen und Barbaresken einfallen, berüchtigte Seeräuber aus dem Maghreb. Sie plünderten und verschleppten ganze Dörfer in die Sklaverei. Das traditionelle Dorf liegt geschützt im Oberland, die Häuser gedrängt um die Kirche. Friedhöfe und Familiengrüfte liegen außerhalb. Als die Franzosen 1769 Korsika eroberten, lebte in den Bergen ein verarmtes Hirtenvolk. Wohlhabende Großbauern gab es wenige, dafür umso mehr Banditen. Im 19. Jh. suchten Zigtausende auf dem Festland, in den Kolonien oder in Amerika ihr Glück. Nach der Landflucht forderten die beiden Weltkriege große Opfer.

RURALE RENAISSANCE

Bis heute ist Korsika die am dünnsten besiedelte der großen Mittelmeerinseln. In den Dörfern des Landesinneren wohnen meist alte Leute, vielfach Rentner, die nach der Arbeit in der Fremde in die Heimat zurückgekehrt sind. Doch die rurale Renaissance hat begonnen: Initiativen bauen die regionale Wirtschaft und den sanften Tourismus aus, Bio und Slowfood beflügeln Landwirtschaft und Gastronomie. Stolz beleben sie altes Handwerk und erzeugen Lebensmittel wie einst. Stolz sind die Korsen auch auf ihre traditionelle Musik. Musikgruppen wie I Muvrini feiern mit Songs in korsischer Sprache auch auf dem Festland Erfolge. Für die korsische Identität streiten vor allem die Separatisten, die ihre Insel nicht den Plänen aus Paris überlassen wollen. Ihre Beharrlichkeit hat sich ausgezahlt, seit den letzten Regionalwahlen verfügen die Autonomisten über die Mehrheit. Der Widerstand gegen Hotelgroßprojekte hat Korsika vor einer zubetonierten Küste bewahrt. Vom Wandern bis Wassersport ist Korsika ein Paradies für Aktive. Ob beim Biken, Kraxeln oder Canyoning, Grenzen setzt allein die Kondition. Das Straßennetz ist in den letzten Jahren erheblich besser geworden. Trotzdem gibt es noch fast so viele Kurven wie ehedem, und so wird auch weiterhin dein Reisetempo eher gemächlich sein. Aber auch dann wirst du erst einen kleinen Eindruck vom paradiesischen Korsika bekommen haben. Die einzige Lösung für dieses Dilemma: Komm wieder!

AUF EINEN BLICK

330.000
Einwohner

Bielefeld 333.000

42 m
Tiefster See:
Lac de Capitello
Bodensee: 251 m

1047 km
Küstenlänge

Deutschland: 2389 km

8.680 km²
Fläche

Thüringen: 16.202 km²

HÖCHSTER BERG:
MONTE CINTO

2.706 m

Zugspitze:
2962 m

HITZEREKORD:

42,7°C

IN FIGARI
(22. AUGUST 2017)

JAHRE DER
UNABHÄNGIGKEIT:

14

ZAHL DER REVOLTEN:

37

4 UNESCO-WELTERBESTÄTTEN:

Kap Girolata, Kap Porto, Calanches und der Scandola-
Naturpark, auf der Warteliste: Straße von Bonifacio

AJACCIO

Größte Stadt mit
72.868 Einwohnern

BERÜHMTESTE KORSEN:
Napoleon
Laetitia Casta

ÄLTESTE KORSIN:
DAME VON BONIFACIO,
8600 JAHRE

KORSIKA VERSTEHEN

RUTSCHPARTIE

Nirgendwo in Europa ist das ⚑ Baden in glasklaren Flüssen und Bächen so ausgiebig möglich wie auf Korsika. Fango im Nordwesten und Solenzara im Südosten bieten Badestellen gleich dutzendfach. Erstklassige Badestellen gibt es auch an weniger bekannten Flüssen wie Taravo, Fiumicelli, Vacca oder Aitone zu entdecken. Hier kann man von senkrecht aufragenden Felsen in die Naturpools hüpfen, sich in die Stromschnellen legen oder auf Wasserrutschen ins nächste Becken sausen! Viele Gumpen sind schon von der Straße aus zu sehen. An manchen Stellen, wie zum Beispiel unterhalb von Stauseen oder an Stellen, an denen Trinkwasser entnommen wird, stehen Badeverbotsschilder, die unbedingt, auch zur eigenen Sicherheit, zu beachten sind.

ALARMANLAGE FÜR EINE INSEL

1284 übernahm Genua die Oberherrschaft über Korsika. Bis weit ins 18. Jh. hinein sollte die Insel genuesisch bleiben. Feuer, Piraten und freiheitsliebende Korsen: Was musste Genua nicht alles in Schach halten auf der Insel! Überblick schufen Rundtürme, wehrhaft und wuchtig. Diese Ausgucke waren ein gut funktionierendes Frühwarnsystem zur Abwehr von Piraten und Sklavenhändlern auf Menschenfang. In Sichtweite zueinander standen früher an die 80 Türme, andere Historiker schätzen bis zu 150 Stück. Wurden feindliche Schiffe gesichtet, entzündeten die Wächter ein Feuer auf der Plattform, warnten so die Bevölkerung und informierten den nächsten Turm in Sichtweite. In zwei Stunden soll solch ein Lauffeuer einst um die Insel gegangen sein!

KORSIKA DEN KORSEN

„A terra corsa a i corsi" – Korsika den Korsen – oder *„I Francesi fora"* – Franzosen raus – fordern lauthals Autonomisten. Massive soziale und wirtschaftliche Probleme haben sie erstarken lassen. Seit 2015 ist die Autonomiebewegung Pè a Corsica (Für Korsika) stärkste Kraft im Regionalparlament und kämpft für mehr Eigenständigkeit im französischen Zentralstaat.

19 wechselnde Herrscher, 37 Revolten, 7 Mal Anarchie, aber nur 14 Jahre frei: Das Streben nach Unabhängigkeit zieht sich als roter Faden durch die korsische Geschichte. Zwei Männer wurden gefeierte Helden: Sampiero Corso (1498–1567) und Pasquale Paoli (1725–1807). Sampiero Corso stammte aus Bastelica. Er kämpfte an der Seite der Franzosen gegen die genuesischen Besatzer, die 1553 besiegt wurden. Als Frankreich das Land 1559 wieder an Genua abtreten musste, eroberte Sampiero Teile der Insel. Pasquale Paoli aus Morosaglia führte die Insel als gewählter „General der Nation" 1755 in die Unabhängigkeit und entwarf eine fortschrittliche demokratische Verfassung, die sogar die USA kopierten. Genua scherte sich nicht um den Volkswillen und verkauf-

te Korsika 1768 an Frankreich. Die korsischen Truppen unterlagen ein Jahr später der französischen Streitmacht.

KORSIKAS WAPPEN

Als Symbol für korsische Eigenständigkeit gilt der Tête de Maure oder Testa Mora. Der Kopf taucht an vielen Stellen auf, sogar als Schnitzwerk an Kanzeln in uralten Kirchen. Wie der schwarze Kopf mit weißer Binde zum Symbol Korsikas geworden ist, ist nicht geklärt. War das Tuch ursprünglich die Augenbinde von zum Tode verurteilten Angreifern, die verrutscht ist? Oder verweist die weiße Stirnbinde auf die Tradition hellenistischer Herrscher, die eine solche als Zeichen, dass sie die Herrschaft über ein Gebiet errungen hatten, umbanden? Jedenfalls wurde der Kopf schon zu Zei-

ten Pasquale Paolis zum Symbol der gerade geborenen Nation gewählt.

SPRACHREVIVAL

Die korsische Sprache ist romanischen Ursprungs, dem Italienischen sehr ähnlich und heute wieder Pflichtfach an den Grundschulen. Bis in die 1970er-Jahre war die Inselsprache verboten und ins Private abgedrängt. 1981 durfte die korsische Uni in Corte wieder eröffnen. Sie hat erstmals das mündlich überlieferte Spracherbe schriftlich fixiert und die Grammatik des Korsischen erfasst. Heute finden sich in den Zeitungen wieder korsische Beiträge und Musiker singen immer häufiger auf Korsisch. Die Ortsschilder auf der Insel sind mittlerweile allesamt zweisprachig. Der französische Name indes ist oft übermalt – die

Korsikas Symbol ist der Maurenkopf

GRÜNES BANDITENVERSTECK

Mehr als die Hälfte der Inselfläche nimmt ein immergrüner, undurchdringlicher Gestrüppwald ein, der seinen Namen von seiner häufigsten Pflanze erhielt – der weiß blühenden Zistrose. *Mucchia* heißt sie auf Korsisch, Macchia in aller Welt, ein Grün, das je nach Bodenbeschaffenheit und Höhenlage bis zu 4 m hoch werden kann. Neben Feigen- und Mandelbäumen, wilden Ölbäumen und Grüneichen findest du dort auch Zypressen, weiße Maulbeeren und Myrte – und Erdbeeren, die auf Bäumen wachsen. Mit dem Harz des Mastixbaums wurden einst Bilder gemalt und Tote mumifiziert. Durch die ätherischen Öle ihrer Duftpflanzen ist die Macchia extrem brandgefährdet. Ihr buschiger, verzweigter Wuchs machte sie einst zum perfekten Versteck für Banditen. Jahrelang konnten sie sich dort verborgen halten, unauffindbar für Rächer oder Ordnungshüter.

KLANGKÜNSTLER

Korsen gelten als schwermütig. Das macht sich auch in ihren Liedern bemerkbar. Sie wirken oft getragen und düster. Es gibt verschiedene Gesangsformen, die aus früheren Zeiten überliefert wurden, in denen die Musik die einzige Möglichkeit war, kulturelle Identität zu bewahren. Die Lamenti sind Sprechgesänge mit frei improvisierten Versen, die vom Leben Verstorbener handeln und sehr leidenschaftlich bei Beerdigungen vorgetragen werden. An kirchlichen Feiertagen und bei Festen stimmen überwiegend Männer die polyphone Paghjella an.

Nicht nur Macchia: Wie hier in der Domaine du Clos Capitoro spielt der Anbau traditioneller Traubensorten eine wichtige Rolle

korsischen Namen werden so immer gebräuchlicher. Und auch korsische Vornamen sind auf dem Vormarsch. Waren jahrzehntelang Jean und Marie die beliebtesten Namen für Jungen und Mädchen, führt seit einigen Jahren Lisandru bei den Jungs die Liste an und Ghjulia bei den Mädels.

Bei diesem getragenen, mehrstimmigen Gesang stehen sie nebeneinander und halten sich ein Ohr zu, um sich besser auf die eigene Stimme konzentrieren zu können. Diese A-Capella-Tradition wurde 2009 von der Unesco zum Weltkulturerbe erklärt. Beim Chjam'e e Rispondi liefern sich zwei Sänger ein musikalisches Gefecht. Der Wechselgesang lebt von der Improvisation – je einfallsreicher die Sänger, desto schöner! Viele Gruppen haben das alte Liedgut wiederentdeckt und teilweise mit modernen Rhythmen und Instrumenten neu verpackt. Gesungen wird selbstverständlich auf Korsisch. Bekannte Vertreter sind z. B. I Muvrini, Canta U Populu Corsu und A Filetta, die den ganzen Sommer über auf der Insel auftreten und auch auf dem Festland Erfolge feiern.

DER KAISER

Auf der Treppenstufe – die Mutter hatte nach dem Kirchgang das Haus nicht mehr rechtzeitig erreicht – erblickte am 15. August 1769 in Ajaccio der spätere Kaiser der Franzosen das Licht der Welt: Napoleon Bonaparte. Er lebte jedoch nur kurze Zeit auf Korsika. 1793 flüchtete die Familie durch eine Falltür vor ihren Feinden. Dennoch wünschte sich Napoleon, dass sein Leichnam in Ajaccio beigesetzt werde, falls er in Frankreich keinen würdigen Platz bekäme. Der aber ist ihm im Invalidendom in Paris zuteil geworden. Seinen Geburtsort machte Napoleon zur Inselhauptstadt. Sie dankt es ihm mit vielen Denkmälern, einem Museum im Geburtshaus und großem Stadtfest zum Geburtstag.

KLISCHEE KISTE

FAULE INSULANER

Schon die alten Römer machten die Erfahrung: Korsen sind keine guten Sklaven. Sie galten als faul und taten nie, was man von ihnen verlangte. Tatsächlich aber arbeiten sie nur anders: Mitten im heißen Sommer pflücken sie nachts die Trauben. Nach dem Mittagsmahl gönnen sie sich im kühlen Haus eine Siesta. Und sind abends umso aktiver.

SCHÖNE FRAUEN

Da ist was dran! Besonders bei der Vorzeigekorsin Laetitia Casta. Die Schauspielerin stand 1999 Modell für die Mariannen-Büste, die alle Rathäuser in Frankreich ziert. Der Stolz der Korsen auf ihre schönste Repräsentantin hat nur einen kleinen Haken: Casta wurde 1978 im normannischen Pont-Audemer geboren. Doch zumindest stammt ihr Vater von der „Insel der Schönheit" …

KNALLER-KÄSE

Korsischer Käse hat Power. Dieses Klischee lassen Goscinny und Uderzo in „Asterix auf Korsika" sprichwörtlich bersten. Als Osolemirnix den Casgiu Merzu auspackt, sorgt der mit seinen Ausdünstungen für eine gewaltige Explosion. Doch nur dieser überreife Sartinese-Käse entfaltet einen faulen Geruch. Die anderen Sorten der Insel katapultieren höchstens ins Schlaraffenland.

MAMMUTSTEINE

In der Jungsteinzeit lebten auf Korsika Jäger, Sammler und Fischer in Höhlen und unter Felsvorsprüngen. Später entstanden auf Anhöhen unverschanzte Siedlungen. Mitte des 4. Jts. v. Chr. entwickelte sich aus einem Totenkult die Megalithkultur. Man ließ Steinkistengräber aus monumentalen Steinplatten in den Boden ein. Diese wurden mit einem Erdhügel bedeckt, später als Dolmen (Steintische) oberirdisch errichtet. An die Steinkistengräber wurden Steinsäulen als „Seelensitze" der Verstorbenen gestellt. Die sogenannten Megalithiker schufen auf Korsika Menhire, die bis zu 4 m Höhe erreichten und wie Statuen bearbeitet wurden. Sie erhielten primitive menschliche Gesichtszüge und sogar angedeutete Gewänder. Manche Statuen tragen Waffen. Diese stammen aus der letzten Phase der Megalithkultur um 1500 v. Chr. Damals stießen vermutlich Eindringlinge vor, die Torreaner. Sie türmten riesige Granitblöcke zu „Zyklopenmauern" auf und verbauten die Menhire der Megalithiker in ihren *torres*, bis zu 7 m hohen Türmen. Die wichtigsten Fundstätten der Vorzeit liegen im Inselsüden.

BLUTIGER BRAUCH

Die Wahrung von Ehre und Recht nahmen die Korsen früher nach Kräften selbst in die Hand. Nach ihrem Ehrenkodex war ein Mann verpflichtet, schwere Kränkungen durch Mord zu rächen. Dieses Vendetta genannte Vergeltungsrecht erlebte seinen Höhepunkt in der ersten Hälfte des 19. Jhs., als die Zahl der durch Blutrache Ermordeten auf über tausend im Jahr anstieg. Um sich vor Vergeltung zu schützen, versteckten sich „Ehrenbanditen" in der Macchia oder verschanzten sich in wehrhaften Türmen und Häusern, die erst in den oberen Geschossen Fenster hatten, die jederzeit verriegelt werden konnten. Spuren der Schießereien und Fehden zwischen den Familien sind besonders gut in Sartène zu sehen, der Hochburg der Vendetta. Erst 1935 wurde nach einer Großrazzia der letzte Ehrenbandit auf der Place St-Nicolas von Bastia öffentlich hingerichtet: André Spada, der „Tiger der Cinarca".

KIRCHEN MIT STREIFENOPTIK

Auch wenn du kein Kirchenfan bist und Architektur nur mäßig spannend findest: Die Bauten, die die toskanische Republik Pisa auf Korsika errichtet hat, sind echte Hingucker. Pisa hatte die Insel im Jahr 1077 als päpstliches Lehen erhalten. Prachtvolle neue Kirchen sollten die Korsen ermuntern, von den Rückzugsorten in den Bergen wieder an die entvölkerte Küste zu ziehen. Besonders in der Castagniccia, dem Nebbio und in der Balagne findest du die Gotteshäuser, die nicht nur wegen ihrer Funktion aus dem Rahmen fielen: Darin wurden nicht nur die Messen für die tiefreligiösen Korsen zelebriert, sondern auch Gericht gehalten – und sehr weltlich feuchtfröhlich gefeiert. Auch in der Architektur unterscheiden sich die pisanischen Kirchen auf Korsika von den sonst eher schlichten, einfach und fast schon klobigen romanischen Kirchen des Festlands. Auf der Insel sind es Kleinode, die die Farbe feiern: mal als Streifenmuster in Stein, dann als Mosaik aus verschiedenfarbigen Steinquadern. Und fehlt auf dem Festland der Schmuck, zieren hier naive Reliefskulpturen, umlaufende Schmuckbänder, florale und geometrische Muster den Stein.

FABEL-FELSEN

Der eine sieht aus wie ein Löwe, der andere wie eine alte Hexe. Und in manchen haben die Korsen sogar jahrhundertelang gewohnt: *tafoni*, von Wind und Wellen, Regen und Hitze erodierte Granitfelsen. Tiefrot leuchten sie in der Abendsonne und entfalten einen geradezu magischen Zauber. Besonders zahlreich findest du sie in den Calanches. Für den Schriftsteller Guy de Maupassant erhebt sich dort ein „Wald aus purpurfarbenem Granit: Spitzen, Säulen, Türmchen, überraschenden Formen". Schau dir das Naturspektakel Korsikas vom Wasser aus an, leih dir ein Paddelboot oder mach eine Bootsfahrt!

WIND-REICH

Der Maestrale lässt die Sonneninsel in nordischer Kälte frieren; im Sommer sorgt mittags der Ambata für Abkühlung. Der Scirocco trägt die Wüstenhitze der Sahara nach Korsika. Der Ponente sorgt für klare Sicht; beim nächtlichen Terranu stachen die Segelschiffe früher in See. Levante, Grecale und Tramontane treiben im Inselosten die Surfer übers Wasser. Korsikas Winde sind legendär. Und einer bläst immer. Garantiert.

Bildhauer aus der Vorzeit haben wie hier in Filitosa ihre Werke hinterlassen

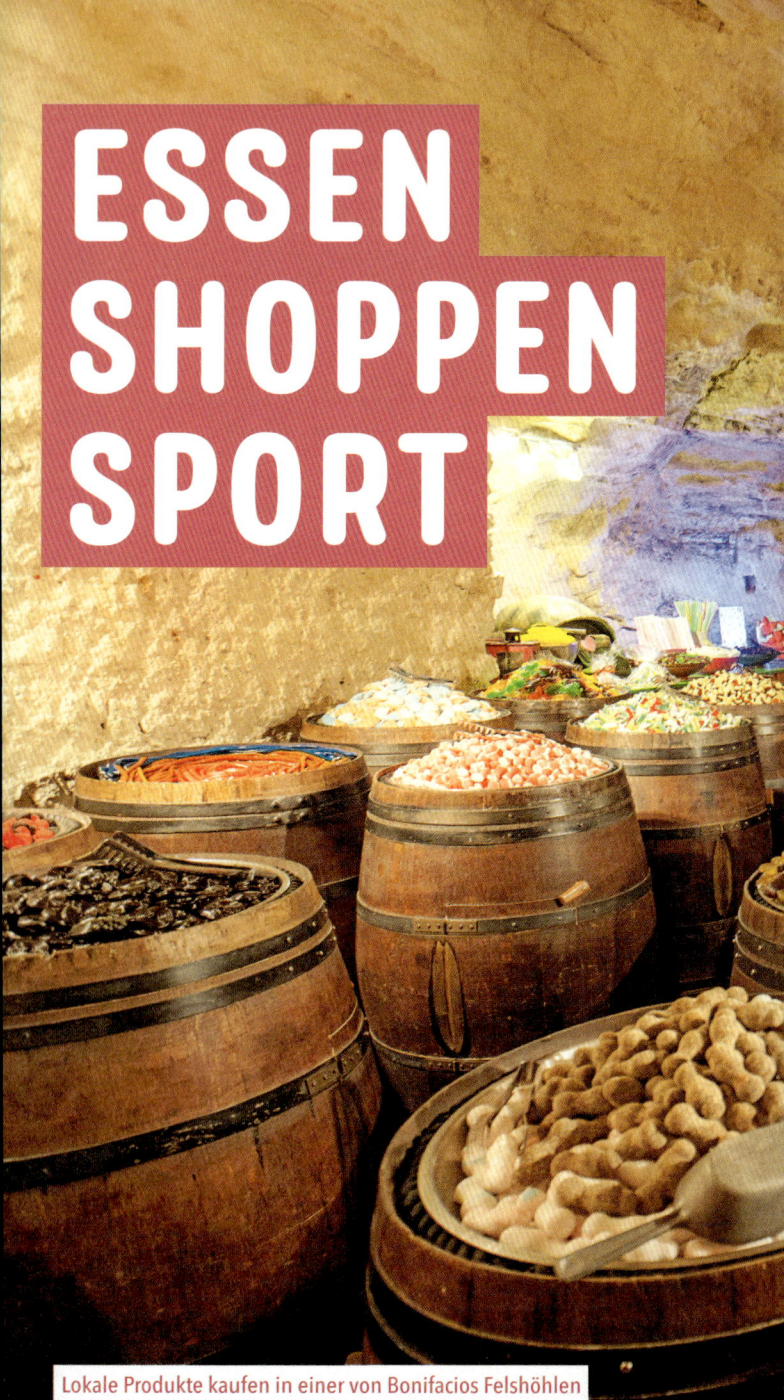

ESSEN
SHOPPEN
SPORT

Lokale Produkte kaufen in einer von Bonifacios Felshöhlen

ESSEN & TRINKEN

Einfach besser: Freu dich auf unverfälschte Lebensmittel aus lokaler Produktion, die kreativ wie raffiniert zubereitet werden.

Slow Food – der Begriff ist den Korsen zu modisch, die Idee genau die ihre: Lokaler Anbau von heimischen Sorten, extensive Viehhaltung, handwerkliche Verarbeitung und Verkauf vor Ort, kurze Transportwege zu lokalen Abnehmern und immer mehr Bioanbau mit dem Gütesiegel AB (Agriculture Biologique) ist ihr Credo. Korsikas Bienen sammeln Nektar und Pollen in der weiten Macchia oder den verwilderten Edelkastanienhainen. Frei herumlaufende Schweine ernähren sich noch von Bucheckern, Eicheln und Edelkastanien; im späten Frühling ziehen Hirten mit ihren Herden in die Berge, im Herbst hinab zu den Weiden im Tal. Transhumanz und Authentizität statt Globalisierung und Gewinnmaximierung: Zwar stehen auch auf Korsika die Landwirte unter Druck, doch sie wehren sich, so gut sie können. Und finden Rückhalt bei den Einheimischen und den Gästen aus der Fremde.

EINFACH SOLIDARISCH

Ursprünglich war die korsische Küche eine Arme-Leute-Küche, in der Gartenbau und Kleintierhaltung eine lebenswichtige Rolle spielten. Der Schinkenknochen für die leckere Gemüsesuppe *soupe corse* musste mehrmals in den Topf wandern, bis er auch sein letztes Aroma abgegeben hatte. Das heute fast schon als Luxusgut geltende Kastanienmehl (20–25 Euro/kg) war bis vor 50 Jahren ein Grundnahrungsmittel korsischer Familien, das so mancher in seiner Kindheit täglich serviert bekam. Die dörfliche Solidarität hat ebenfalls eine große Rolle gespielt. Selbst ärmere Familien kamen so gelegentlich in den Genuss von lecke-

Die *embrucciate* sind kleine Käseküchlein aus Frischkäse (re.)

rem Schweinebraten oder jungen Zicklein.

WILDE AROMEN

Da nahezu alle Männer auf die Jagd gingen, wurde der Speisezettel stets um Wildspezialitäten, und besonders Wildschwein *(sanglier)* bereichert. Gewürzt wurden die Speisen mit dem, was Küchengarten und Macchia hergaben: Wildkräuter wie Minze, Katzenminze und Bergthymian gaben vielen Gerichten einen unverwechselbaren Geschmack. Aus wilden Früchten und Gartenobst entstanden Konfitüren und Liköre mit inseltypischen Geschmacksnoten wie Kastanie, Cedrat (Zitronatzitrone), Feige, Myrte, Baumerdbeere *(arbouse)* und Clementine.

KÄSEREICH

Die Subsistenzwirtschaft ist Vergangenheit. Heute beweisen kleine, technisch top ausgestattete Betriebe, dass sich Tradition und Moderne in Qualität vereinigen können. So sind Käsereien entstanden, die die traditionellen Sorten handwerklich wie einst herstellen: runde Hartkäselaibe wie den Sartène, der 2,5 kg auf die Waage bringt und zum Aperitif aufgeschnitten wird. Die Milch der Ziegen wandert in den Chèvre, aus Schafsmilch fertigen die Korsen den Brébis, der im Alter härter und aromatischer wird. Nationalkäse der Korsen ist der Brocciu, frisch und mild auf der morgendlichen *tartine*, mittags im Omelette, abends in der *pulenta* – und zwischendurch im *fiadone* (Käsekuchen), in der *falcullela* (Zuckerküchlein) und beim „goûter" mit Wein und Baguette. Seine authentische Herstellung garantiert die Herkunftsbezeichnung AOP (Appellation d'Origine Protégée).

Wer den Casgiu Merzu genießen möchte, sollte abgehärtet sein. Für den „verdorbenen Käse" werden Käsereste samt Rinde in einen Tontopf getan. Bereits nach wenigen Tagen krabbeln dort Maden und verleihen dem Käse seine zweite Reife. Mit Trester übergossen, wird diese korsische Spezialität nur zu besonderen Anlässen serviert – samt springender Larven.

SCHWEINISCHE VERFÜHRER

Lamm oder Rind werden auf Korsika nur für Fremde oder Festlandsfranzosen zubereitet. Zur *charcuterie corse,* die über Kastanienholz geräuchert wird, gehören neben einem gepfefferten Rollschinken aus Schweinenacken *(coppa)* und mild geräuchertem Schweinefilet *(lonzu)* auch Würstchen aus Schweinespeck, Leber und Innereien *(figatelli)*. Der rohe Räucherschinken *prisuttu* wird im Sommer gerne zusammen mit frischen Feigen serviert. Wer picknicken möchte, findet die typisch korsischen Wurstwaren auf den Wochenmärkten sowie fast überall in den Metzgereien und Supermärkten.

SEAFOOD SATT

An den Küsten prägen frischer Fisch aus lokalem Fang – nicht ganz billig – und Meerestiere wie Langusten, Muscheln und Seeigel die Karte. Die Lagunen der Ostküste liefern köstliche Austern. Stars der Küstenküche sind Goldbrasse *(daurade),* Rotbarbe *(rouget)* und Wolfsbarsch *(loup)*. Eine Forelle *(truite)* genießt du frisch gefangen aus den Gebirgsbächen im Inland. Ein Klassiker ist die Fischsuppe *(soupe de poisson)*. Sie wird mit geröstetem Weißbrot oder *rouille*-Paste, einer Olivenöl-Mayonnaise mit Knoblauch, Safran und Pfefferschoten sowie Streukäse gereicht.

PACE E SALUTE: PROST!

Beginn das Essen mit Insel-Aperitifs wie dem „Cap Corse" aus Muskatwein und „Quinquina" (Chinarinde) oder dem „Cédratine", einem Likör aus wilden Zitronen. Größeren Durst löschen süffiges Kastanienbier von Pietra oder Craft-Biere von der Mikrobrasserie Impériale. Von der Massenplörre zum Göttertrank hat sich der korsische Wein gewandelt. Ausgezeichnete Tropfen werden aus dem heimischen weißen Vermentinu und den beiden roten Sorten Niellucciu und Sciaccarellu. Welcher Wein am besten zum jeweiligen Essen passt, ist ein korsisches Lieblingsthema. Weiß zu Fisch, Rosé zu Meeresfrüchten, Rot zu Fleisch ist auch hier längst nicht mehr Gesetz. Das oft opulente Mahl beenden traditionell Verdauungsschlückchen *(digestif)* mit Myrtenschnaps. Wer es gerne süßer mag, sollte einmal Myrten- oder Kastanienlikör kosten.

ESSENSZEIT!

Frankreich isst zu festen Zeiten: mittags von 12 bis 14.30, abends von 19 bis 21/21.30 Uhr. Wer nachmittags plötzlich Hungerattacken verspürt, kann nur auf einen „Croque Monsieur" (Sandwich) im Café hoffen – oder greift im Supermarkt an der warmen Theke zum Convenience Food. Von mittags bis mitternachts verkaufen zudem mobile Händler Baguettes und Burger, Pizza und Pommes.

Unsere Empfehlung heute

BROCCIU
Frischkäse (gesprochen „brutsch") wird auf jede Art verwendet: *nature*, also ohne alles, salzig, bspw. in *canneloni au brocciu*, in Ravioli, Omelettes oder in süßer Variante für Gebäck *(fiadone, ambrucciata)*

CHÂTAIGNES
von Natur aus süß-aromatisch, sind geröstete Edelkastanien eine beliebte Schlemmerei im Herbst. Aus Kastanienmehl stellt man Kuchen, Eis, Likör und sogar Bier her. Die *pulenda*, ein gekochter Riesenkloß aus Kastanienmehl, der in Scheiben zu gebratenen Würstchen, Spiegeleiern und *brocciu* gereicht

Vorspeisen

TERRINE DE SANGLIER
Wildschweinpastete

ZUPPA CORSA (SOUPE CORSE)
kräftige Gemüsesuppe mit u. a. Mangold und gefleckten Borlotti-Bohnen

SARDINES FARCI
gefüllte Sardinen

BASTELLE
herzhafte Teigtaschen, mit Mangold *(blettes)*, Kürbis *(courges)* oder Zwiebeln *(oignons)* gefüllt

Hauptgerichte

PIVERUNATA
Ragout von jungem Lamm oder Zicklein mit Paprikaschoten

SANGUI
Gemüseeintopf mit Blutwurst, Speck und Rosinen -

STUFATU
gekochtes Rinds-, Kalbs- oder Lammragout mit großen Nudeln

Desserts

MOELLEUX À LA CHATÂIGNE
Weicher, saftiger Kuchen aus Esskastanien

PASTIZZU
Traditionsdessert aus Brot oder Grieß – früher wurde er sonntags aus dem Brot der vergangenen Woche hergestellt

Zum Kaffee

CANISTRELLI
Harte Mürbteigkekse, oft aromatisiert mit Mandeln oder Nüssen, Zitrone oder Anis

CUCCIOLE
Eau-de-Vie und Weißwein gehören in die staubtrockenen Mürbteigquadrate aus der Balagne

SHOPPEN & STÖBERN

WEINE UND HOCHPROZENTIGES

Korsische Weine sind mittlerweile auch im Rest Europas erhältlich. Die drei traditionellen Rebsorten heißen *Niellucciu, Sciaccarellu* und *Vermentinu*. Die Anbauregionen, die das Qualitätssiegel AOP/AOC tragen, sind Patrimonio, Cap Corse, Calvi, Ajaccio, Sartène, Figari und Porto-Vecchio. Die Tafelweine stammen überwiegend aus der östlichen Ebene der Insel.

Neben ausgezeichneten Weinen werden hervorragende Liköre, Obstweine und Brände hergestellt. Tolle Mitbringsel sind ein Kastanienlikör *(liqueur de châtaigne)*, ein herbwürziger Obstwein aus Bitterorangen *(oranges amères)*, der Apéritif „Cap Corse" aus Muscat und Chinarinde – und der Insel-Whiskey von *Mavela (domaine-mavela.com)*.

KOSMETIK UND HEILMITTEL

Kalliste, die Schönste ... das ist auf der Insel auch das Credo der Kosmetik.

Corsica Essences stellt im Landesinneren aus den natürlichen Rohstoffen der Insel ökologische Kosmetik mit essenziellen Ölen her. Perfekte Mitbringsel: die herrlich duftenden Seifen und Duschgels „Meeresufer", „Obstgarten", „Gehölz" und „Gebirge", die es in Apotheken der Insel und auf *fleursdemaquis.com* gibt. In der Macchia blüht auch gelb Korsikas Allround-Hausmittel, wo es Kräuterhexen schneiden und auf Märkten verkaufen: die Immortelle. Dieses „Currykraut" heilt Verletzungen, als Lotion schützt es die Haut, als Aufguss oder Tee lindert die Immortelle Bauchschmerzen und Magenkrämpfe.

KUNSTHANDWERK

In der Balagne führt die „Strada di l'Artigiani" zu 27 Kunsthandwerkern *(route desartisans.fr)*. Einer von ihnen ist *David Campana (verrerie-corse.com)*, der in

INSIDER-TIPP
Korsikas Farben in Glas

Appetitanreger von der Insel: der „Cap Corse" des Traditionsherstellers Mattei

==Feliceto die einzige Glasbläserei Korsikas betreibt.== David verwandelt heiß glühende Quarzklumpen in filigrane Figuren, geschwungene Schalen und Flakons, die die Farben der Insel leuchtend im Glas eingefangen haben. Koralle soll vor Krankheit, Blitzschlag und Kinder vor Unheil schützen. Korsen fertigen aus dem roten Gold des Meeres seit Jahrhunderten Ketten, Arm- und Ohrschmuck und Amulette. Und der Artenschutz? Verarbeitet werden auf der Insel nur Korallen, die nicht geschützt sind, und leichte Schaumkorallen aus asiatischer Zucht.

MUSIK

Augen schließen und träumen: Diese Klänge bringen dich sofort zurück zur Insel! Die Paghjella und traditionelle polyphone Gesänge von A Filetta und Barbara Furtuna, die Folk-Klassiker von I Muvrini, Voce Ventu und Tavagna, die politische Folklore von Canta U Populu Corsu oder L'Arcusgi. Oder der Ska von jungen korsischen Bands.

KULINARISCHES

Edles Olivenöl gibt es in den Kooperativen und bei kleinen Produzenten *(oliu dicorsica.fr)*, die es aus endemischen Olivensorten pressen. Korsikas Honig *(miel)* trägt als erster Frankreichs ein AOC-Siegel. Besondere Aromen sammeln die Bienchen besonders im Bergland. „Wilde Süße" nennt etwa Imker *Pierre Torre (Cuttoli Corticchiato | Tel. 04 95 25 83 32)* aus Finochicce seinen bitter-würzigen Erdbeerbaumhonig. Hartkekse gibt es in unglaublicher Vielfalt – von *canistrelli* mit Anis, Cédrat oder Nuss bis zu den *cucciole* der Maison Casanova mit Weißwein. Ein schönes Mitbringsel für die Heimkehrer-Fete: Die Fischsuppe der Conserverie Casatorra in blau-gelber Büchse. Bester Begleiter: der Rosé der *Domaine Peraldi (domaineperaldi.com)*, AOC Ajaccio.

SPORT

ANGELN

Was für ein fetter Barsch! An den Küsten außerhalb der Naturschutzzonen darfst du ihn ohne Angelschein aus dem Meer ziehen. Für die Forellen, die sich in den 45 Gebirgsseen im Inneren tummeln, und die Fische der Flüsse brauchst du einen Schein, erhältlich online auf *de.cartedepeche. fr/81-liste-des-cartes.htm* und vor Ort bei den Partnern der *Fédération de Pêche (federationpeche.com)*.

CANYONING

Mit Helm, Neoprenanzug und Klettergurt ausgerüstet Wildbäche hinabkraxeln, rutschen, tauchen, vom Fels in Badegumpen springen: pures Adrenalin! Touren bieten Dutzende Outdoor-Veranstalter auf der Insel, zu finden auch auf *visit-corsica.com* und *altipiani-corse.com*. Korsikas Hochburg für Canyoning heißt Corte, groß im Kommen sind Solaro und Solenza-

ra. Von dort aus starten zig Touren ins Bavella-Massiv, wo sich die schönsten Schluchten der Insel verstecken.

GOLF

Golf? Klein und fein: sechs Plätze, aber nur einer mit 18-Loch. Doch der ist grandios: Paradeblicke über das Meer nach Sardinien und Abschläge übers Wasser bei Loch 15 und 16 machen den *Golfplatz von Sperone (golf desperone.com)* im Inselsüden zu einem der schönsten der Welt. Neun Löcher kannst du in Borgo südlich von Bastia, in Speloncato und südlich von Ajaccio am Golf von Porticcio bespielen. Der 6-Loch-Golfplatz von Solenzara ist Clubmitgliedern vorbehalten.

KANU & KAJAK

Die Zeit nach der Schneeschmelze im Frühjahr – April, Mai – ist die schönste Zeit für Wildwasserfahrten auf den Flüssen Taravo, Rizzanese, Asco, Golo,

Tavignano, Vecchio und Liamone. Fürs Erkunden der Küsten – am schönsten an der Südküste und an der nördlichen Westküste des Cap Corse mit ihren versteckten Grotten – ist der Sommer ideal. Am besten nicht allein unterwegs sein. Umschlagende Winde können gefährlich werden! Informationen: *Comité Régional Corse de Kayak (Corri Bianchi | Eccica Suarella | Tel. 04 95 25 91 19)*. Geführte Ein- und Dreitagestouren: *Agriates Kayak (Plage de la Roya | St Florent | agriateskayak.com)*.

KLETTERN

Korsika ist mit seinen Felsküsten, Schluchten und Bergspitzen ein äußerst vielseitiges Terrain zum Klettern. Zu Klettertouren in den Bergen solltest du früh aufbrechen, um die Aussicht von oben zu genießen, bevor Dunst und Quellwolken kommen. Infos zu Kletterstellen *(sites d'escalade)* findest du auf *escalade.corse.topo.*

free.fr, topoguide.de und *haute-montagne-corse.com.* Sehr beliebt sind Kletterparks wie *A Tyroliana (Rivière du Cavu D168a | Ste-Lucie de Porto-Vecchio | Tel. 04 95 21 78 04 | atyroliana.corsica)* mit Affenschaukeln, Tarzansprüngen, tibetanischen Brücken und Seilwinden. Im Kletterpark von *Rêves de Cimes (Parc Aventure Accrobranche de Vero (Lieu dit Sambucu (D4) | Vero | Tel. 04 95 21 89 01 | Mai–Mitte Juni u. Sept., Okt. Sa/So 10–18 Uhr, Mitte Juni–Mitte Sept. tgl. 10–18, Juli, Aug. bis 19 Uhr | Preis gestaffelt nach Körpergröße 13–23 Euro | reves decimes.fr)* kannst du im Juli und August mittwochs von 20 bis 24 Uhr die 16 Strecken durch die Baumwipfel auch nachts klettern.

RADFAHREN

Die besten Zeiten sind das Frühjahr und der Herbst, wenn die Sonne nicht gar so brennt und viele Straßen dir (fast) allein gehören. Die steilen Berg- und Talfahrten durch abwechslungsreiche Landschaft, tolle Ausblicke bei jeder Rast, das macht Korsika ideal für Radtouren. Ob als Mountainbiker auf Cap Corse oder Genussradler an der flachen Ostküste: Es ist ein Erlebnis, Korsika per Rad zu entdecken. Fahrräder, auch E-Bikes, kannst du in größeren Orten und Urlaubszentren mieten. Radreisen – allein oder in der Gruppe – führen auch immer mehr Veranstalter im Programm. Mit der GT20, der *Grande Traversée* vom Cap Corse nach Bonifacio mit 13 Etappen auf 550 km, hat der legendäre Extremweitwanderweg seine Hardcore-Antwort für Radfahrer.

REITEN

Mehr als 1000 km alte Wege, oft frühere Maultierpfade, werden erhalten und sind für Ausritte bestens geeignet, auch wenn Strecken nicht ausdrücklich als Reitwege ausgewiesen sind. Wo sich ein Reiterzentrum *(centre équestre)* befindet, verraten Straßenschilder und die Adressliste des *Comité Régional d'Equitation Corse (Route Nationale 200 | Corte | Tel. 06 22 74 24 38 | cre-corse.fr).*

SCHNORCHELN & TAUCHEN

Fischschwärme, Schiffswracks, geheimnisvolle Grotten und farbige Korallen: Magische Momente beim Tauchen oder Schnorcheln *(plongée aux bouteilles/à tuba)* sind garantiert – besonders an der zerklüfteten West- und Südküste Korsikas und in den Meeresschutzgebieten um die Îles Cerbicales und Îles Lavezzi. Tauchschulen, die auch Schnupperkurse für Einsteiger

Beim Canyoning auf dem Fango gibt es auch gemütliche Passagen

anbieten, finden sich in fast allen Badeorten. Unbedingt das Gesundheitszeugnis *(medicale)* von zu Hause mitnehmen! Auskunft beim *F.F.E.S.S.M. Comité Régional Corse (c/o Vrijens | Route de Calca | Galéria | Tel. 06 75 10 10 90 | ffessm-corse.com).*

SEGELN & SURFEN

Korsika ist – leider – Frankreichs teuerstes Segelrevier. Das liegt auch an der recht kurzen Segelsaison: Nur von Mai bis September kannst du hier in den 19 Yachthäfen mit 9000 Liegeplätzen auch Boote chartern. In fast allen Badeorten finden sich Boots- und Surfbrettverleihe, die auch Kurse anbieten. Für Anfänger am besten geeignet ist die lange Ostküste. Surfer schwärmen vom Golfe de Valinco, dem Golfe de Sagone und den Buchten zwischen Porto-Vecchio und Tizzano. Könner tummeln sich an der Westküste des Cap Corse und den Golfs von Figari und Sant'Amanza. Bei *voilecorse.com* findet sich alles über Wassersportarten: vom Surfbrett bis zur Mehrtagesbootstour.

WANDERN

Knapp 150 Gemeinden im Inselinneren bilden gemeinsam den *Parc Naturel Régional de la Corse (pnr.corsica)*, der knapp ein Drittel der Insel umfasst. Er initiiert viele Schutz- und Entwicklungsmaßnahmen und unterhält alle Fernwanderwege. Der berühmteste unter ihnen ist die 170 km lange *Grande Randonnée de la Corse,* die über lange Strecken in Höhen von mehr als 2000 m verläuft. Als GR 20 führt sie mit rot-weißer Kennzeichnung von Calenzana im Nordwesten bis nach Conca bei Ste-Lucie-de-Porto-Vecchio. Auch wer nicht gleich die großen Gipfel stürmen will, findet herrliche Wanderpfade, Rundwege oder mehrtägige Routen. Von einer Küste zur anderen führt etwa der Weg *Da Mare a Mare Centre* von Ghisonaccia nach Ajaccio, durch die mittleren Berge oder entlang der Westküste ist man unterwegs auf den Routen *Tra Mare et Monti Nord/Sud.* Meist verlaufen sie auf Hirtenwegen.

Die sehr guten Karten IGN TOP 25 gibt es in Buchhandlungen, Souvenirgeschäften und Supermärkten. Keine Lust aufs Rucksackschleppen? Dann lass ihn vom Esel tragen. Infos: *randonnee-ane-corse.com, altaroccanes.com*

WINTERSPORT

Im Zusammenhang mit Korsika denken wohl die wenigsten an Wintersport. Dabei hat die Insel schneebedeckte Gipfel und eine Reihe von Skigebieten zu bieten. Zwischen Dezember und März liegt in Bastelica, Ghisoni, am Col de Vergio oder bei Zicavo oft genug Schnee, um Ski zu fahren. Ist die Sicht klar, kannst du beim Wedeln das Meer sehen. Gemächlicher geht es auf dem Plateau von Coscione zu. Dort sind die Langläufer in der Überzahl. Im Skigebiet von Asco schleppt dich der Tellerlift bis auf 2000 m Höhe und du wedelst am Hang des Monte Cinto auf zwei roten Pisten zurück zum Hochplateau. Du liebst Skitouren? Dann wag dich auf die *Haute Route* zwischen Quenza und dem Asco-Tal. *montagnesdecorse. com*

DIE REGIONEN IM ÜBERBLICK

Korsika kompakt: Badestrände, Berg und die Gärten de Balagne

DER WESTEN S. 62

Mer Méditerranée

Golf an Golf fantastische Felsbuchten und charmante Orte

AJACCIO

Golfe d'Ajaccio

Zeitreise? Grottenzauber? Buchtenbaden? Alles geht hier!

20 km
12.43 mi

ITALIEN

DER NORDEN S. 38

● Bastia

✈

● Vescovato

DER OSTEN S. 92

● Corte

**Endlosstrände zum
Sonnenbaden vor
grandioser Kulisse**

DAS BERGLAND IM INNEREN S. 76

Mer
Tyrrhénienne

**Ein wildes Spitzenreich
mit 120
Zweitausendern**

DER SÜDEN S.108

● Sartène

● Porto-Vecchio

✈ ● Figari

● Bonifacio

DER NORDEN

KORSIKA IM KLEINFORMAT

Korsika hat zwei Gesichter: rau, wild, abweisend das eine. Und lieblich, grün, mediterran das andere. Hier im Norden zeigen sich beide auf engstem Raum!

Ganz oben: die Landzunge von Cap Corse, von der man sagt, sie sei landschaftlich ein Korsika *en miniature,* flankiert von Bastia im Osten und dem Badeort St-Florent im Westen. Eine atemberaubende Panoramastraße führt an der zerfurchten Felsküste entlang, die im Licht der tiefstehenden Sonne feuerrot leuchtet. Nicht weniger feu-

Mittelmeeridylle: Nonza thront malerisch auf einem Felsvorsprung

rig und temperamentvoll sind die Patrimonio-Weine, die hier gedeihen, kraftvolle Rote, die du kosten musst!

Gen Süden anschließend: der Garten Korsikas – die Balagne. In den Hügeln des westlichen Vorgebirges verstecken sich Bergdörfer, die ganz bewusst altes Handwerk und korsische Lebensart bewahren. Zwischen L'Île-Rousse und Calvi bringt dich die Schmalspurbahn Micheline zu kleinen Badeorten und versteckten Stränden. Lust auf Trubel? Calvi rockt – und das nicht nur beim Festival *Calvi on the Rocks!*

DER NORDEN

MARCO POLO HIGHLIGHTS

★ **PIGNA**
Das Künstlerdorf Korsikas: Musik, Bildhauerei, Malerei – und das Festival Festivoce ... ➤ S. 54

★ **SANT'ANTONINO**
Korsikas ältestes Dorf steht wie eine Trutzburg hoch über der Balagne ➤ S. 55

★ **CALVI**
Quirliges Städtchen mit Kultclub in der imposanten Zitadelle und mit Traumstrand ➤ S. 56

★ **FANGO-TAL**
Baden und wandern, paradiesisch schön zu kombinieren ➤ S. 60

★ **NONZA**
Dorfromantik am Cap Corse mit schwarzem Strand – 1000 Stufen führen hinab ➤ S. 48

★ **SAN MICHELE DE MURATO**
Romanik wie in Pisa: gestreiftes elegantes Kirchlein mit großem Campanile ➤ S. 51

Mer Méditerranée

Plage d'Ostriconi
Ostriconi-Mündung **9**
Plage de Lozari **8**
7 Parc de Saleccia
L'Île-Rousse S. 51
Curzo
Algajola
12 Corbara
Monticello
Sant'Ambroggio
13 Pigna ★
Occi **20**
Aregno
14 Sant'Antonino ★
10 Belgodère
Calvi ★ S. 56
T30
Cateri
Costa
Bucht von Calvi
11 Speloncato
Notre-Dame de la Serra **17**
Balagne S. 53
Muro
Nessa
Pioggiola
15 Montemaggiore
Mausoléo
Vallica
Moncale
16 Calenzana
Tarazone
Suare
Asco
18 Cirque de Bonifatu
32 km ¾ Std.
19 Fango-Tal ★
Galéria

Poggio

Port de Centuri

Centuri

Macinaggio

Morsiglia

Marine de Meria

Pino

Luri

Minervio

Santa Severa

Barrettali

Marinca

Marine de Porticciolo

Cap Corse
S. 46

Ogliastro

Sisco

Olcani

Nonza ★ 🏖

Erbalunga

Olmeta-di-Capocorso

Santa-Maria-di-Lota

Golfe de
S. Florent

Farinole

Ville-di-Pietrabugno

5 Patrimonio

Plage de Saleccia

Bastia
S. 42

Serra Di Pigno **1**

Plage du Lotu

St-Florent
S. 49

Furiani

4 Désert des Agriates

2 Brasserie Pietra

Oletta

Biguglia

T20 70 km, 1 Std. 50 Min.

Olmeta-di-Tuda

T11

Rapale

Urtaca

6 San Michele de Murato ★

Novella

Lama

Sorio

Borgo

Pietralba

Lucciana

T11 ✈

La Canonica **3**

T20

Bigorno

Volpajola

Casamozza

Castifao

Lento

Moltifao

T30

Campile

Vescovato

Ponte-Novo

Bisinchi

Querciolo

T20

Ortiporio

Monte

Porri

T10

Popolasca

Morosaglia

Quercitello

Folelli

Prato-di-Giovellina

Gavignano

5 km

3.11 mi

9'2 km, 2 Std.

Ponte Leccia

BASTIA

G5-6 **Halt, nicht einfach von der Fähre rollen und weiterfahren: Bastia (44 000 Ew.) ist dazu viel zu aufregend. Die Hafenstadt ist ein Mikrokosmos der Kulturen, in dem Gegensätze nebeneinander bestehen: Menschen mit ihren unterschiedlichen Lebensweisen, Palazzi und Beton, Altstadt und Moderne, Grandezza und morbide Vergänglichkeit. Bastia ist Nordkorsikas Perle zu Füßen des Monte Pigno.**

Die Wurzeln der Stadt liegen in der *Terra Vecchia.* Das ehemalige Fischerdorf schmiegt sich mit steilen Gassen zwischen schmalen, hohen Häusern an den *Vieux Port* (Alter Hafen). Bewacht wird er von der Zitadelle der *Terra Nova,* einer Festungsstadt mit Bars und Restaurants in engen Gassen und Treppenwegen hinter dicken Mauern. Die doppelte Altstadt endet gen Norden an den Platanen der weiten *Place St-Nicolas,* wo die Städter ihre Mußestunden zwischen Kriegerdenkmal, Musikpavillon und Napoleonstatue verbringen. Zeit für einen „Cap Corse"! Koste den korsischen Apéro beim Likörhersteller Mattei oder in einem der vielen Terrassencafés und genieß den Paradeblick auf den Fährhafen und das Meer!

SIGHTSEEING

KIRCHEN

Pompös und düster ist das Innere der Kirche *St-Jean-Baptiste,* die mit ihren zwei gelben Glockentürmen den Hafen dominiert. Neben der größten Barockkirche der Insel gastiert sonntags ein großer *Wochenmarkt (So 8–13 Uhr)* auf der Place du Marché! Entdecke dort die vielen korsischen Spezialitäten – oder stärk dich mit *migliacciola,* dem dicken korsischen Pfannkuchen mit kräftigem Käse darin!

INSIDER-TIPP · **Himmlische Genüsse**

Ebenfalls in den Gassen hinter dem Hafen: die *Chapelle de l'Immaculée Conception,* genuesisches Prunkstück in Gold, rotem Samt und Marmor. Rochus, Schutzpatron der Pestkranken, wurde nach der Pest von 1598 die *Chapelle St-Roch* geweiht. Ein Schwergewicht in Silber birgt die Kathedrale *Ste-Marie* im Süden der Zitadelle. Erst nach dem Einwurf eines Euros zeigt sich die Madonna im Schrein in hellem Glanz. Die nahe *Chapelle Ste-Croix* ist ein Kleinod des Rokoko mit Putten und Rankenwerk. Sonntagnachmittags sind die Kirchen geschlossen.

TERRA NOVA (ZITADELLE)

Die Mauer um das Festungsviertel zog Genua 1453, als Bastia Hauptstadt der Insel wurde. An der *Place du Donjon* steht noch der Turm, dem Bastia seinen Namen verdankt. In den sonnengelben Gouverneurspalast ist das ⚓ *Stadtmuseum (Musée de Bastia | Mai, Juni, Sept. Di–So 10–18.30, Juli, Aug. tgl. 10–18.30, Okt.–April Di–Sa 9–12, 14–17 Uhr | Eintritt 5 Euro | musee-bastia.com | ⏱ 2 Std.)* gezogen. Der schönste Weg hinauf? Über die breite Treppe durch die hängenden Gärten des *Jardin Romieu* am Südufer des Vieux-Port. Im früheren Pulverla-

BASTIA

Avenue Jean Zuccarelli

Rt. de

Bretelle de Montepiano
Ville di Pietrabugno

🍴 Glacier Raugi

🛍 Boutique Mattei

Campinchi

🍴 U Muntagnolu
Rue Miot

🍴 Café Casale

Rue César Boulevard

IMIZA – Île de Beauté 🛍

🍴 A Mandria

Le Robaïna 🍷

📍 Terra Vecchia (Alter Hafen)

🍴 La Fabrica

🍷 La Mise au Verre

Mer
Tyrrhénienne

Montée Filippini

Terra Nova (Zitadelle) 🍷🍴 Chez Vincent

Route de Saint-Florent

500 m
547 yd

ger baute René Mattei im *Village Miniature de la Poudrière (April–Mitte Okt. tgl. 9–12 u. 14.30–17.30 Uhr | Eintritt 4 Euro | Südwesten der Zitadelle | ⏱ 1/2 Std.)* ein korsisches Dorf im Maßstab 1:30 nach, in dem sich die Windmühle dreht, ein Schreiner sägt.

TERRA VECCHIA (ALTER HAFEN)

Treppen und enge Gassen, schmale, hohe Häuser und Patina auf den Fassaden: In der Terra Vecchia lebt noch das Bastia der Fischer und Seeleute. Doch auch der Kern der mittelalterlichen Stadt, die um den natürlichen Hafen gegründet wurde, ist inzwischen ins Visier der Stadtentwickler geraten: schnell noch hin, bevor die Sanierung startet! Im Wasser schaukeln statt farbiger Fischerboote immer schickere Segler und Yachten; an der Promenade drängen sich Cafés und Restaurants. Lauf um das Hafenbecken bis zum Ende der Mole *Jetée du Dragon:* was für ein Blick, besonders im frühen Morgenlicht!

ESSEN & TRINKEN

GLACIER RAUGI

Seit drei Generationen verkauft die Familie das beste Eis Bastias. *2, Rue Chanoine Colombani | Facebook: Glacier Raugi*

CAFÉ CASALE

Besonders mittags ist der Andrang groß: Der Service ist schnell und freundlich, das Grünzeug frisch, das Beef bestens. Preis und Leistung stimmen! *3, Rue Jean Casale, Tel. 04 95 31 34 25 | Facebook | €–€€*

In Bastias altem Hafen liegen Fischkutter und Segelboote, draußen ist Platz für die Fähren

A MANDRIA

Kreative korsische Küche mit Loup de Mer, Kalbfleisch-Cannelloni und köstlichen Desserts. Direkt am Marktplatz. *Mo, Di geschl. (außer Juli, Aug.) | 4, Rue du Marché | Tel. 04 95 35 17 11 | Facebook | €€–€€€*

LA FABRICA

INSIDER-TIPP
Erste Sahne

Seit 1912 fabriziert die Molkerei den besten Käse der Insel – seit 2017 die kreativste Marktküche dazu. Keinen Hunger? Dann chill auf den alten Ledersofas beim Wein oder Kaffee. *1, Boulevard Général Giraud | Tel. 04 95 58 32 95 | la-fabrica-bastia. com | €–€€*

CHEZ VINCENT

Pizzas, sehr gute traditionelle Gerichte und dazu ein toller Blick auf die Stadt und den Hafen. *12, Rue St-Michel | La Citadelle | Tel. 04 95 31 62 50 | Facebook: chez.vincent.1 | €–€€*

SHOPPEN

BOUTIQUE MATTEI

Ihr Aperitif „Cap Corse" ist legendär, aber auch ihre anderen Brände, Obstweine, Liköre und Sirups sind ideale Mitbringsel. Seit sich die wunderbar altmodische Boutique zum Concept Store mit Bar gewandelt hat, werden die Köstlichkeiten auch ausgeschenkt. *Tgl. 10–20 Uhr | 15, Boulevard Général de Gaulle (Place St-Nicolas) | capcorse mattei.com*

U MUNTAGNOLU

Von der Decke hängen Schinken und Würste, in den Regalen stapeln sich Honig- und Konfitüregläser, sind

Weinflaschen arrangiert: Korsikas Genüsse, vereint im Feinkosthimmel von Antoine Filipi. *15, Rue César Campinchi | umuntagnolu.com*

IMIZA – ÎLE DE BEAUTÉ

Biokosmetik von der hauseigenen Kräuterplantage am Cap Corse, die du besichtigen kannst. Aus den gewonnenen ätherischen Substanzen werden Körperöle, -lotionen und Parfüms hergestellt. Zu kaufen u.a. bei der Parfumerie *Les Divines (15, Boulevard Paoli). imiza.com*

SPORT & SPASS

OBJECTIF NATURE

Louis Azara macht (fast) alles möglich: Wildwasserspaß, Seekajaktörns oder nächtliches Hochseefischen mit Buffet an Bord – Aktivkicks vom Feinsten! *3, Rue Notre Dame de Lourdes | Tel. 06 12 28 52 84 | Facebook*

LE CENTRE SPA

Bien-être heißt Wellness bei den Korsen. Das Programm in Bastia: Hot-Stone-Massagen, Packungen und Beauty-Rituale. *2, Rue Notre-Dame de Lourdes | Tel. 04 95 34 48 61 | centre-spa.fr*

STRÄNDE

Gen Norden beim Sportboothafen liegen kleine Kieselstrände. Gen Süden bildet der 10 km lange Sandstrand *Plage de Marana* am Étang de Biguglia den Auftakt zu insgesamt 100 km Strandvergnügen bis nach Solenzara.

AUSGEHEN & FEIERN

LE ROBAÏNA

Auf nach Kuba, ins Land der legendären Robaïna: Das ruhige Café wandelt sich abends zur stylischen Tapas- und Cocktailbar, die mit Salsa das Schmöken in der Zigarrenlounge versüßt. *3, Rue Fontaine-Neuve | le-robaina.com*

LA MISE AU VERRE

Bar, Food, Musik: Die gemütliche Weinbar mit kleiner Terrasse am alten Hafen serviert zu Tapas und tollen Tropfen (glasweise) regelmäßig Livemusik. *Quai Albert Gillio | Facebook*

RUND UM BASTIA

1 SERRA DI PIGNO

14 km von Bastia / 30 Min. (Auto)
Bastias Hausberg: über den Col de Teghime auf den 960 m hohen Gipfel fahren und über den gesamten Inselnorden gucken! Zurück am Pass könntest du noch ein wenig klettern gehen. Am *Monte Canarincu* lockt glatter Kalk mit senkrechten Kristalladern. Parke am Pass und folge den Steigspuren! *G5*

INSIDER-TIPP
Kraxelabenteuer

2 BRASSERIE PIETRA

7 km von Bastia / 20 Min. (Auto)
Das auf Kastanien basierende Bier der Inselbrauerei ist längst ein Kultgetränk. Kostenlose Führungen (auf Französisch) mit anschließender Bier-

probe. Anfahrt über die N 193, am Kreisel in Furiani Richtung Meer abbiegen und nach der Bahnlinie wieder rechts, danach ausgeschildert. *Juli, Aug. Mo–Fr 9.30–12 u. 14–17.30 Uhr | brasseriepietra.com | 🗺 G6*

3 LA CANONICA
23 km von Bastia / 25 Min. (Auto)

Die pisanische Kirche mit hellem, mehrfarbigem Mauerwerk liegt neben der D 107 in der Nähe des Flughafens am Fluss. Das Kleinod der Romanik ist umgeben von Ausgrabungen der Römersiedlung *La Mariana (frei zugänglich; ein Museum ist geplant | musee-mariana.com). Juli-Mitte Sept. tgl. 8.30–12 u. 14–19 Uhr | 🗺 G7*

CAP CORSE

🗺 *F–G 3–5* **Immer schön langsam: Die Fahrt um das Cap Corse ist zwar nur 100 km lang, doch extrem kurvig. Und so abwechslungsreich, dass du einen ganzen Tag dafür brauchst. Im Sommer droht hier Stau. Außerhalb der Täler dominiert an der Ostküste monotone Macchia, nur im Westen ist die Landschaft etwas abwechslungsreicher.**

Die D 80 bringt dich durch moderne Vororte rasch hinaus aus Bastia. Bieg in Pietranera östlich auf die D 131 nach San-Martino-di-Lota ab – die *Höhenstraße* lohnt den Umweg! Auf der D 31 gehts zurück ans Meer und weiter nach *Miomo:* dunkelgrüne Schie-

ferhäuser und Kieselstrand mit Wachturm – typisch Cap Corse.

Und auch die Attraktion des *Club Plongée Cap Corse (Marina | Santa Severa | Tel. 06 32 96 60 57 | plongee-capcorse. fr)* ist typisch für hier: Nur 200 m vom Strand in 20 m Tiefe liegt das Flugzeug „Republic P-47 Thunderbolt", gerade im Norden von Korsika findest du viele solche Kriegsveteranen

INSIDER-TIPP
Einladung zum Wracktauchen

in den Mittelmeerfluten. Mit dabei: die Maschine des Autors des Klassikers „Der kleine Prinz".

Hinter dem Wallfahrtsörtchen Lavasina zweigt die Zufahrt zum *Monte Stello* (1307 m) ab. Wandere ab *Pozzo* in 3 Std. auf den Aussichtsgipfel des Cap Corse. Richtig verträumt ist *Erbalunga:* vom verwinkelten Ort weiter nördlich, am Wasser auf Fels gebaut, ist bei klarem Wetter Elba zu sehen.

In Santa Severa kannst du über das Örtchen Luri und den Col de Ste-Lucie zur Westküste abkürzen. Am Pass angekommen, solltest du noch einen Abstecher planen und (1 Std.) zur *Tour de Sénèque (🗺 F4)* laufen: Wow, was für ein Ausblick!

Größter Hafen des Kaps ist *Macinaggio (🗺 G3).* Seit der Antike wurde Olivenöl dort verschifft. Olivenhaine umgeben bis heute alte verstreute Bergdörfer wie *Rogliano* mit seinen acht Weilern, zu dem die schmale D 53 hinaufführt. Die Einwohner des Kaps, die Capu Corsini, waren nicht nur Bauern und Händler, sondern auch gewiefte Schmuggler. Auf *sentiers douaniers* kontrollierten Zöllner einst tags wie nachts die Küste. Ihre Wege sind

Aussicht so schön wie an einem Leuchtturm: die alte Mühle Moulin Mattei am Cap Corse

heute Wanderstrecken: Folge ihren Spuren im Schutzgebiet *Pointe du Cap Corse* von Macinaggio vorbei an einsamen Stränden bis Barcaggio (5–6 Std. für die einfache Strecke) und weiter bis zum pittoresken Fischerdorf *Centuri-Port (⊞ F3)* mit vielen Restaurants am Hafen. In der Hochsaison bringt dich nachmittags ein Zubringerboot von Barcaggio zurück nach Macinaggio (Reservierung im Hafen von Macinaggio, *sanpaulu.com*).

Nächster Abstecher: auf zur Werbeikone von Mattei. Der Aperitifhersteller machte ab 1930 jahrzehntelang Reklame mit einer 150 Jahre alten Windmühle. Zur *Moulin de Mattei (Juli, Aug. tgl. 10–17 Uhr)* führt ein 10-minütiger Spaziergang vom Pass Col de Serra aus. Der Ausblick reicht von der Insel Capraja im Westen vorbei an den fernen Gestaden Italiens

hinunter nach Centuri-Port, hinauf bis zum Monte Cinto. **Noch gewaltiger ist der Ausblick bei den 20 Windrädern, die sich weiter oben drehen.**

INSIDER-TIPP
Windige Aussichten

Hinter Morsiglia windet sich die Straße an der felsigen Steilküste des Westkaps nach Süden und passiert den einzig echten Schandfleck am Kap: das 1965 stillgelegte Asbestwerk von Nonza. Der Abraum der Mine von Canari landete auf dem Strand – und machte den *Strand von Nonza (⊞ F5)* schwarz. So schön er auch aussieht – lange (sonnen)baden solltest du da nicht – bei Hitze schwirren bis heute die krebserregenden Minifasern durch die Luft. Doch die Lage, der Blick und die sanfte Brandung machen die Bucht zu einer der beliebtesten der Insel!

Dunkel sind auch die Schieferhäuser des Örtchens ★ Nonza, die sich in engen Gassen hoch über dem Meer drängen. Steil ziehen sich Terrassengärten und Weinberge am Monte Stavu empor. Mittelalteridylle. Und früher voller Grauen. Hier wurde die Schutzpatronin Korsikas geboren – und hingerichtet: Die Christin Julia hatte sich geweigert, an einem heidnischen Fest teilzunehmen. Ihre Brüste wurden daraufhin abgeschnitten und weggeworfen. An Ort und Stelle sprudeln jetzt zwei angeblich wundertätige Quellen... (dem Schild „Fontaine de Ste-Julie" folgen). Die Église de Ste-Julie ist Ziel einer Wallfahrt jährlich am 22. Mai.

ESSEN & TRINKEN

IND' E NOI

Einladend wie der ganze Ort wirkt auch das Lokal (korsisch „Bei uns") mit Terrasse am kleinen Platz. Charmanter Service, frisch zubereitete mediterrane Gerichte. *Tgl. 11–23.30 Uhr | Pian di Fora | Erbalunga | keine Kartenzahlung! | Tel. 06 24 30 52 99 | €–€€ | 🗺 G5*

LE VIEUX MOULIN

Liebevoll nostalgisch ist die Karte des Hotelrestaurants oberhalb des Hafens: Nudeln mit Kaisergranat, Ravioli mit Brocciu und Trüffel, Oktopussalat und Mousse aus Zitronatzitronen. *Centuri-Port | Tel. 04 95 35 60 15 | le-vieux-moulin.net | €€ | 🗺 F3*

SHOPPEN

DOMAINE PIERETTI

Seit fünf Generationen betreibt die Familie Pieretti Weinbau am Cap – einige der Stöcke wurzeln in der See! Winzerin Lina setzt auch heute auf

Heute liegen in St-Florents Hafen mehr Yachten als Fischerboote

einheimische Sorten und hat mit Alicante eine fast vergessene Traube wiederbelebt, Star des roten

INSIDER-TIPP
Alt, aber oho!

Weins *A Murteta.* Sehr einladend: der Weinkeller. *April–Okt. (sonst nach Vereinbarung) | Santa Severa (bei Luri) | Tel. 04 95 35 01 03 u. 06 17 93 92 17 | vinpieretti.com | ▭ G4*

SPORT & SPASS

Bester Tauchspot am Kap ist Centuri-Port mit 14 m tiefem, fischreichem Wasser. Segeln lernst du am besten in Macinaggio. Stand-Up-Paddling ist bspw. möglich bei der 🐾 *École de Surf et de Stand-Up Paddle (Leihgebühr ca. 10 Euro/Std. | stand-up-paddle-surf-corsica.com).* Zwei Mal am Cap Corse: am Strand von Grigione *(▭ G5)* nahe Bastia und in Farinole *(▭ F5)* an der Westküste.

ST-FLORENT

▭ F5–6 **Das St-Tropez von Korsika: Bescheiden ist die Hauptstadt des Nebbio nicht.**

Doch ein Fünkchen Wahrheit steckt schon drin in diesem Vergleich: Im Sommer wandelt sich der kleine Ort mit 1600 Ew. zum Hotspot gut betuchter Gäste. Im Yachthafen an der Aliso-Mündung dümpeln Boote aus aller Welt, Schlauchboot-Shuttles sausen zu den karibikgleichen Stränden der Agriates. Lokale mit korsischen Spezialitäten, Fischrestaurants und Cafés säumen den Hafenkai und die

Altstadt im Schatten der kleinen Zitadelle aus dem 15. Jh., Hotels konzentrieren sich auf die nördlichste Einfahrtsstraße.

SIGHTSEEING

ÉGLISE SANTA MARIA ASSUNTA

Die frühere Kathedrale, vermutlich um 1140 aus weißen Kalksandsteinquadern ebenmäßig gefügt, gilt als Musterbau der pisanischen Romanik. An gleicher Stelle gründeten zuvor die Römer die Siedlung Nebbium. Drinnen ruht im gläsernen Sarg auf rotem Samt der Namensgeber für das heutige St-Florent: ein römischer Soldat, der als Christ unter Kaiser Diokletian 303 n. Chr. den Märtyrertod starb. *1 km vom Zentrum, D 238e nach Poggio-d'Oletta | Audioführung für den MP3-Player im Office de Tourisme, 3 Euro*

ESSEN & TRINKEN

IND'E LUCIA

Draußen auf der Terrasse an einem netten kleinen Platz unterhalb der Zitadelle oder drinnen am kuscheligen Kamin? Egal: Die korsisch-mediterrane Küche schmeckt! *Di abends und Mi geschlossen | Place Doria | Tel. 04 95 37 04 15 | €€*

MAISON SALGE

Feige, Kastanie, Clementine, Honig, Zitronatzitrone oder Brocciu: 50 eiskalte Eiskreationen, nicht billig, aber jeden Cent wert. *Di–So 6.45–13, 15–19.30 Uhr | Rue du Centre, La Porta | glacecorse.com*

RUND UM ST-FLORENT

SHOPPEN

CLOS TEDDI

Weil das Weingut nur mit Vierradantrieb über Schotterpisten zu erreichen ist, können die Weine von Marie-Brigitte Poli auch von Mitte April bis Mitte Oktober im eigenen Laden in St-Florent verkostet werden. *An der Hauptstraße (D81) | closteddi.fr*

POTERIE DU NEBBIU

Die Töpferei gehört zu den besten der Insel: Mach dir selbst ein Bild und schau Julien Truchon bei der Arbeit zu. Käuflich sind die Produkte natürlich auch. *Plaine d'Oletta, 3 km südöstlich an der D 82 nach Oletta | Tel. 06 18 52 79 51*

INSIDER-TIPP
Schön gedreht!

SPORT & SPASS

ALTORE

Klettergarten, Canyoning, Paragliding und in die Luft gehen mit Ultraleichtflugzeugen (maximal zwei Personen): vier Mal Outdoorerlebnis mit Nervenkitzel. *Südlich des Orts auf dem Campingplatz Acqua Dolce | Tel. 06 88 21 49 16 | altore.com*

JETSKI & ZODIACS

Ohne Führerschein durch die Fluten heizen – das geht mit Jetskis und Schlauchbooten, die am Ufer des Aliso von diversen Anbietern vermietet werden, u.a. *Dominique Plaisance (Zodiac ½ Tag ab 90 Euro | dominique plaisance.fr)* und *Location Saint-Flo (Jetski ½ Tag ab 190 Euro | location-stflo.com).*

4 DÉSERT DES AGRIATES

20 bis 50 km von St-Florent / 1,5 Std. (Auto)

Heißer als das restliche Korsika ist die Agriates. Das Naturschutzgebiet mit abenteuerlichen Felsformationen und abgelegenen kleinen Buchten erstreckt sich ca. 30 km entlang der Küste gen Westen. Dornig und voller Düfte: eine wilde „Wüste" mit herrlichen Stränden wie die *Plage de Saleccia* und die *Plage du Lotu (F5)*. In Korsikas „Karibik" gelangst du am besten per Boot *(Mai, Juni, Sept., Okt. tgl. ab 9 Uhr, Juli, Aug. ab 8.30 Uhr alle 30 Min., letzte Rückfahrt 20 Uhr | 16–30 Euro je nach Ziel und Saison | Place du Village | Port de Plaisance | St-Florent | Tel. 04 95 37 19 07 | lepopeye. com). E–F5*

5 PATRIMONIO

9 km von St-Florent / 15 Min. (Auto)

Rund um das Dorf am Rand des fruchtbaren Nebbio-Tals keltern die Winzer aus den drei alten Rebsorten Niellucciu, Vermentinu und Sciaccarellu im AOC Patrimonio Spitzenweine. Besonders empfehlenswert sind die biodynamisch arbeitende *Domaine Giudicelli (Facebook-Link: short.travel/ ksk16)* mit vorzüglichem Vermentinu und die *Cave Orenga de Gaffory (Führung Mo, Fr 10.30 Uhr nach Voranmeldung: Tel. 04 95 37 45 | Morta Majo | orengadegaffory.com),* deren Keller zugleich ein Raum für Kunst ist. *F5*

🟦 SAN MICHELE DE MURATO ⭐
16 km von St-Florent / 25 Min. (Auto)

Von St-Florent auf der D 82 (über Oletta) auf den Col de San Stefano, einen Pass, von dem Straßen in alle Himmelsrichtungen abgehen. 5 km von dort an der D 5 steht die kleine spätpisanische Kirche einsam auf einer Wiese, aus grünen Serpentin- und weißen Kalksteinblöcken schachbrettartig gefügt, ist sie die schönste der Insel. Bezaubernd naiv ist der Steinmetzschmuck – geometrische Muster, Blätter, Tiere ... und die Versuchung Evas.

Hungrige Gourmets dinieren im Spezialitätenrestaurant *Le But (nur abends, So auch mittags | Soprano | Tel. 04 95 37 60 92 | restaurant-lebut.fr | €€€)*, das für um die 50 Euro ein authentisches korsisches Menü anbietet.
🗺 *F6*

L'ÎLE-ROUSSE

🗺 *D6* **Rote Insel: Diesen Namen verdankt das Städtchen den roten Porphyrfelsen der vorgelagerten Île de la Pietra, zu der heute ein Damm hinüberführt.**
Nationalheld Paoli ließ das einstige Fischerdörfchen 1758 zum Stützpunkt gegen Genua ausbauen – mit offenen Plätzen und rasterförmigen Straßen in Nord-Süd-Richtung. Mehrmals pro Stunde saust die Bahn Micheline auf ihrer Fahrt nach Calvi die Bucht entlang. Der schmale Sandstrand vor der Promenade ist umgeben von Hotels und Campingplätzen.

Die Winzer in Patrimonio sind für Spitzenweine bekannt

SIGHTSEEING

PLACE PAOLI
Die gute Stube der Stadt mit Terrassencafés, Palmen, Platanen und der Marmorbüste des Stadtgründers. Zu seinen Füßen wird jedes Jahr Mitte September das internationale Pétanque-Turnier „Challenge Pascal Paoli" ausgetragen.

MARKTHALLE
Nördlich der Place Paoli schließt die Place du Marché mit der überdachten Markthalle (19. Jh.) auf hohen Säulen an. Hier kannst du dir frisches Gemüse und leckere Erzeugnisse aus der Balagne holen. Oder, schon morgens, die frischen Krapfen mit süßer und salziger Füllung, die eine Händlerin im Fett ausbackt.

INSIDER-TIPP
Frittiertes Frühstück

Welcher ist der schönste? Rund um L'Île-Rousse lockt ein Strand am andern

L'ÎLE DE LA PIETRA

Vorbei am Fährhafen kommst du auf einem Damm zum Genueserturm und zum *Phare de la Pietra.* Vom Leuchtturm aus kannst du bis zum Cap Corse blicken!

im Netz landet, kommt kreativ auf den Teller. Tolle Desserts! Mittagstisch *(formule midi)* mit zwei Gängen. Regelmäßig Musikabende. *Promenade A Marinella | Tel. 04 95 60 28 74 | Facebook | €€*

ESSEN & TRINKEN

L'ESCALE

Erste Adresse seit 1903: Das trendig verjüngte Hotelrestaurant der Familie Ferrandi-Luciani zeigt sich mit hellem Leder, dunklem Holz, alten Familienfotos und stylisch illuminiertem Weinschrank. Auf der Karte: frische Meeresküche, korsische Traditionskost und traumhafte Desserts. *Tgl. | Rue Notre Dame | Tel. 04 95 60 10 53 | hotel-ile rousse.com/escale-cote-sud | €€*

A SIESTA

Die Füße im Sand, der Tisch weiß eingedeckt. Schick und frisch ist die mediterrane Küche des Strandrestaurants. Was bei François und Paul-Felix

SHOPPEN

BISCUITERIE SALVATORI

Die versteckt gelegene kleine Bäckerei produziert typisch korsisches Kleingebäck wie etwa *canistrelli* und *tourtellini* von Hand. Duftet schon lecker, wenn die Keksbleche zum Abkühlen ins Freie gebracht werden. *Mo-Sa 9–19, So 9–12.30 Uhr | Place du Canon*

LE BON CAFÉ

In der Kaffeerösterei Franschescini von 1932 stapeln sich Jutesäcke mit Kaffee- und Teesorten aus aller Welt, umgeben von verführerischem Duft, Kaffeemaschinen und einer Röstanlage. *Place Marcel Delaunay*

LA CAVE

Gemütliche Weinbar. Morgens sitzen hier die Zeitungsleser beim Kaffee, abends Freunde korsischer Weine. *Di–Sa 7.30–23 Uhr | Place Paoli | Facebook-Link: short.travel/ksk17*

RUND UM L'ÎLE-ROUSSE

7 PARC DE SALECCIA

5 km von L'Île-Rousse / 10 Min. (Auto)
Dass Macchia nicht nur auf Korsika vorkommt, beweist der Park mit seiner *Ronde de Climats,* die vom kalifornischen Chaparral bis zur Mallee im Südosten Australiens führt. *April–Juni, Sept. Mo–Fr 9.30–19, So 10–19 Uhr, Juli, Aug. tgl. 9–19.30 Uhr, Okt. Di–Fr, So 10–19 Uhr | Eintritt 9 Euro | Route de Bastia | Monticello | parc-saleccia.fr | ⫟ D6*
Was Napoleon liebte, verkaufen Irène und Bruno Demoustier in der 🐦 *Casa Fiurita (Lieu-dit Saleccia | casafiurita.fr)*, keinen halben Kilometer entfernt: Macchia zum Mitnehmen – als Samen oder Pflanzen.

NSIDER-TIPP
Botanische Weltreise

8 PLAGE DE LOZARI 🏖

10 km von L'Île-Rousse / 15 Min. (Auto)
Richtig voll wird es im Sommer hier am nördlichsten Punkt der Balagne: Der herrliche Strand fällt so seicht ab, dass Familien ihn lieben. Ebenfalls

top: der Blick auf den Monte Cinto. *⫟ D6*

9 OSTRICONI-MÜNDUNG

15 km von L'Île-Rousse / 25 Min. (Auto)
Östlich von L'Île-Rousse mündet der Fluss Ostriconi in einer Lagune vor der weißen 🏖 *Plage d'Ostriconi.* Zum Bad am Dünenband führt ein 20-minütiger Fußweg vom Campingplatz in Ogliastro oder eine Kraxelpartie vom Ende der Straße. Auf der anderen Seite des Flusses beginnt die Felswüste der Agriaten. *⫟ D6*

STRANDFAHRT

L'Île-Rousse bis Calvi 24 km / 40 Min. (Zug)
Felsküste und feinster Sand im Wechsel: Gen Südwesten bringt dich die Schmalspurbahn *Micheline (train-corse.com | Hin- und Rückfahrt 12 Euro)* zu den schönsten (Bade-)Buchten zwischen L'Île Rousse und Calvi – und zum malerischen, von Klippen und Felsen gerahmten Strand Plage de Bodri und dem Seebad Algajola. *⫟ C6*

BALAGNE

⫟ C–D 6–7 **Walnuss- und Olivenhaine, Kastanienwälder und Gärten voller Zitronen und Orangen: Zwischen dem Ostriconi-Tal im Nordwesten und dem Fango-Tal im Südwesten, gen Nordosten von einer Gebirgskette begrenzt, erstreckt sich die fruchtbare Hügellandschaft der Balagne.**

Südlich von Calvi und Calenzana dehnt sich bis Galéria die *Balagne déserte* aus, eine menschenleere Macchia, in der es mehr Ziegen und Schafe als Menschen gibt – die Tiere kommen im Winter vom Hochtal des Niolo hierher. Schon die Römer kultivierten das Land. Später lockten die wohlhabenden Orte und die gut bestellten Felder die Sarazenen an. Die Bewohner flüchteten aus der *piaghja,* dem Flachland, in alte Dörfer auf den Hügeln. Die Blüte der Balagne beendete die Industrialisierung. Ende des 19. Jhs. sorgte die Landflucht für eine massive Entvölkerung. Trotz Tourismusboom und Förderung der Landwirtschaft sind Arbeitsplätze rar. Hoffnungen, aber auch Widerstand, wecken Pläne für den Ausbau der Windkraft in der Balagne. Ausbaupläne gibt es auch für den Codole-Stausee am Regino, um die Bewässerung in regenarmen Jahren zu sichern.

ZIELE IN DER BALAGNE

🔟 BELGODÈRE

Ein Fort bewacht das alte Dorf über dem grünen Tal des Flüsschens Prato. Von früherer Zeit zeugen die alte Mühle und die Ruinen des Klosters Madunuccia. Von hier aus führt die D 71 bis nach Lumio – als aussichtsreiche Hochstraße mit weitem Blick über das fruchtbare Regino-Becken und die Staumauer des Lac de Codole. *▥ D6*

🔢 SPELONCATO

Schönstes Balagne-Dorf ist für viele Speloncato, dessen Häuser sich in 553 m Höhe um einen aufragenden Felsen drängen. Am Dorfplatz steht das Palais des Kardinals Savelli, heute einziges Hotel des Orts.

Wer bis zur Bocca di Battaglia hochfährt, kann so urkorsisch wie aussichtsreich im *A Merendella (Ostern–Okt. tgl., im Winter nur mittags am Wochenende | Col de Battaglia, Pioggiola | Tel. 04 95 46 24 28 | €€)* essen. Für seine frische, lokale Küche verarbeitet Stéphane meist Zutaten aus eigener Produktion. So gestärkt, gehts in 2,5 Std. hin und zurück auf den Monte Tolu. *▥ D7*

🔢 CORBARA

Strahlend weiß überragt die barocke Stiftskirche die ehemalige Hauptstadt (980 Ew.) der Balagne, die vom Castel de Corbara weite Blicke bis zum Meer eröffnet. Am Kirchplatz hat Guy Savelli im *Petit Musée (tgl. 15–18 Uhr | Eintritt frei)* Korsika-Historica gesammelt: Karten, Bücher und Bilder, Musikinstrumente und Pergamentbriefe und -zeichnungen aus dem 12. bis 17. Jh. Im *Franziskanerkloster (Übernachtungen nur für Erwachsene | Tel. 04 95 60 06 73 | stjean-corbara.com | €)* von Corbara kannst du eine Auszeit nehmen. *▥ D6*

🔢 PIGNA ⭐

Das Dorf mit gerade mal 100 Ew. hat sich mit Kultur gerettet: Mit der Gründung der Corsicada, der Genossenschaft der Kunsthandwerker Korsikas in den 1960er-Jahren, begann die rurale Renaissance. 👝 Maler, Keramiker und Bildhauer haben ihre Ateliers geöffnet: Schau ihnen über die Schulter! Ein Verein zur Förderung traditioneller Musik organisiert von hier ein ganzjähriges Musikprogramm mit dem Festival *Estivoce* als Höhepunkt, das Anfang Juli das Auditorium mit Künstlern, Musikwissenschaftlern und einem begeisterten Publikum füllt. *centreculturelvoce.org* | 🚇 *D6*

14 SANT'ANTONINO ⭐

Ein ganz eigener Zauber geht vom ältesten korsischen Dorf aus, das wie aus dem Fels gewachsen in 500 m Höhe auf einem Gebirgskamm liegt. Parke dein Fahrzeug auf dem Großparkplatz neben der Kirche und erkunde das Dorf zu Fuß auf schmalen Treppenwegen, die bis zu den Mauerresten der Festung hinaufführen. Die örtlichen Restaurants bieten eine wunderbare Aussicht.

Zurück am Parkplatz: Nur wenige Schritte entfernt schenken Olivier und seine *maman* Monique Antonini frisch gepressten Zitronensaft aus selbst angebauten Früchten ins Glas. Genieß die Erfrischung im kühlen Gastraum an einem riesigen Holztisch oder draußen auf der Terrasse. Zur Weinlese presst Olivier eine leckere Mélange (Trauben plus Zitronensaft). Der *Clos Antonini (Tel. 04 95 61 76 83 | clos.antonini.free.fr)* bietet auch andere Leckereien an: Hauswein, Konfitüren – und eine typisch korsische Spezialität: Zitronenwein!

Was man in Sant'Antonino auf keinen Fall verpassen darf ist, sich zu einer Panoramawanderung zum Monte Sant'Angelo (526 m) aufzumachen. Entlang der Strecke erwarten dich Weitblicke in XXL! Rechne 2,5 Std. für den Hin- und Rückweg. Los geht es am Parkplatz neben der Kirche. 🚇 *D6*

Auch Bildhauer und Holzschnitzer leben und arbeiten im Künstlerdorf Pigna

15 MONTEMAGGIORE

Aus dem Dorf hoch über dem Fiume-Secco-Becken mit wunderschönen Ausblicken bis über Calvi hinaus und auf die Monte-Grosso-Kette stammen die Eltern des größten Verführers der Weltgeschichte: Don Juan. Noch grandioser ist die Aussicht vom Salvi-Pass (509 m) 5 km nördlich.

In der zweiten Julihälfte feiert das sonst eher verschlafene Montegrosso (4 km westl. / D 451) für zwei Tage mit Hunderten Besuchern die *Fiera di l'Alivu*. Beim großen Olivenmarkt gibt es neben preisgekröntem Olivenöl Käse, *charcuterie* und Backwerk, aber auch Handwerkliches wie Schnitzereien aus Olivenholz, Schmuck oder Töpferprodukte.

Eselsgeduld beweist das Grautier, das 5 km östlich auf der D 151 in Lunghignano in einer alten Ölmühle den Mühlstein dreht und zeigt, wie einst

Oliven zu Öl gepresst wurden. Feinstes Olivenöl – verkosten und kaufen! *U Fragnu | Tel. 04 95 62 75 51 | ufragnu. com | ⊞ C7*

16 CALENZANA

Lecker! Mit Macchia-Honig und den Weißwein-Küchlein *cusgiulelle* bietet der Bilderbuchort (2300 Ew.) inmitten der Oliven- und Mandelhaine am Fuß des Monte Grosso die richtige Stärkung an, die auf dem Hochgebirgsweg GR 20 oder der Route Mare e Monti Nord nach Cargèse wandern. ⊞ C7

ESSEN & TRINKEN

CASA MUSICALE

Stimmungsvoll speist man auf der Terrasse unter den Sternen – im Sommer nach dem Essen manchmal Konzert, je nach Tagesform. Die Küche: Lamm, Wildschwein, Zicklein, köstlich gewürzt. Voranmeldung nötig, Übernachtung möglich *(€€). Pigna | Tel. 04 95 61 77 31 | casa-musicale.org | €€€ | ⊞ D6*

CHEZ EDGARD

Frische Produkte und freundlicher Service: Lass dich von Edgard mit einem authentischen Menü überraschen – eine Karte oder gar kleine Gerichte gibt es nicht. Nur abends, unbedingt reservieren. *Lavatoggio | Tel. 04 95 61 70 75 | chez-edgard.fr | €€ | ⊞ C6*

SHOPPEN

L'ASTRATELLA

Wer sich mit korsischen Wildpflanzen Gutes tun will, findet hier ätherische Öle aus eigener Produktion, pur und in Massageölen. *Nur April–Okt. | ausgeschildert etwas abseits der N 197 kurz hinter Lumio Richtung Calvi | astratella.com | ⊞ C6*

DOMAINE RENUCCI

Seit fünf Generationen lassen die Familienwinzer aus Feliceto ihre sechs korsischen Trauben mit zwei mediterranen Sorten flirten. Heraus kommen köstliche trockene Tropfen in Weiß, Rosé und Rot und ein natürlicher Süßwein. *Juli, Aug. tgl. 10–12, 15.30–19, Mai, Juni, Sept. bis 18.30 Uhr | Tel. 04 95 61 71 08 | domaine-renucci. com | ⊞ D7*

CALVI

⊞ *C6-7* **Hier wurde Christoph Kolumbus geboren — wird jedenfalls in ★ Calvi (5500 Ew.) behauptet. Das ist zwar nicht bewiesen, aber möglich: Als der Entdecker um 1451 in der Republik Genua geboren wurde, stand die Festungsstadt noch unter genuesischer Herrschaft.** Der Mythos macht die Stadt nur noch attraktiver: Hell leuchtet der Granit der imposanten Zitadelle über dem Blau des Meeres. An der Hafenpromenade flicken Fischer wie früher ihre Netze. Dahinter drängen sich Boutiquen und Bars in Flaniergässchen. Sanft abfallender Sandstrand säumt die gesamte 🐜 Bucht von Calvi – wer kleinere Strände sucht, nimmt die Micheline-Bahn nach L'Île-Rousse, die an vielen Badestellen hält.

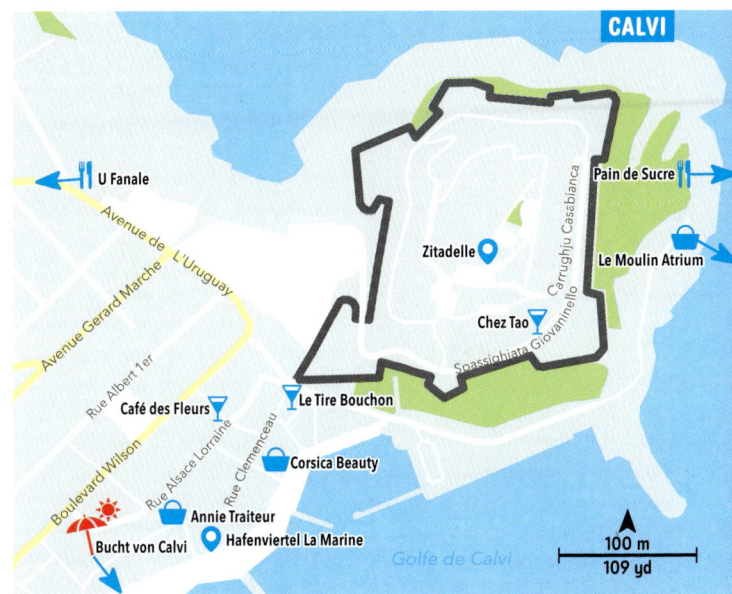

CALVI

U Fanale
Pain de Sucre
Avenue de L'Uruguay
Zitadelle
Le Moulin Atrium
Avenue Gerard Marche
Carrughju Casabianca
Chez Tao
Rue Albert 1er
Spassighiata Giovannello
Rue Alsace Lorraine
Rue Clemenceau
Le Tire Bouchon
Café des Fleurs
Boulevard Wilson
Corsica Beauty
Annie Traiteur
Bucht von Calvi
Hafenviertel La Marine
Golfe de Calvi

100 m
109 yd

SIGHTSEEING

HAFENVIERTEL LA MARINE

Am Quai Landry drängen sich Restaurants und Cafés, davor legen die Ausflugsboote ab. Hinter der Tour du Sel, die für die Verteidigung der Hafenspeicher strategisch wichtig war und später als Salzlager diente, liegt der Fährhafen. Davor bieten die Fischer morgens ihren Fang feil. Abends trifft man sich inmitten des Viertels auf dem Vorplatz der Barockkirche Ste-Marie-Majeure (1774).

ZITADELLE

Einziger Zugang zur Zitadelle ist eine Zugbrücke, neben der das Konterfei von Kolumbus hängt. Von seinem angeblichen Geburtshaus in der Carrughju Di U Filu ist nur wenig erhalten:

Die Engländer zerschossen es 1794 bis auf wenige Überreste. Auf der Plakette ist das Geburtsjahr 1436 notiert, und damit ein anderes als in den Annalen. Der ehemalige Gouverneurspalast beherbergt die letzte Abteilung der Fremdenlegion auf der Insel. Folge dem markierten *Panoramaweg* durch das Labyrinth schmaler Treppen, Gassen und Durchgänge. Vorbei an hohen Häusern, die mit dem Felsen verwachsen scheinen, leitet er dich zu tollen Ausblicken auf die Bucht, die Berge und die Halbinsel La Revellata. Als lichter Kuppelbau thront die Kathedrale *St-Jean-Baptiste* über der Place d'Armes. Im Innern ruht – schwarze Haut, silbernes Lendentuch – der „Christ des Miracles" in der Vitrine. Er soll das Ende der türkischen Belagerung herbeigeführt haben. Zum Dank wird der schwarze Christus an Karfreitag durch die Straßen getragen.

ESSEN & TRINKEN

U FANALE
Raffinierte korsische Küche unter den alten Pinien der Terrasse oder im Speisesaal – beide Orte mit Blick auf die Landspitze Revellata und die Bucht von Calvi. *1 km außerhalb an der Route de Porto | Quartier Mozello | Tel. 04 95 65 18 82 | €€*

PAIN DE SUCRE
Vom Meer auf die Strandterrasse: Der Patron des Lokals an der Plage de Sainte-Restitude, ca. 7,5 km entfernt bei Lumio, fängt noch selbst frischen Fisch und Meeresfrüchte und wirft sie auf den Grill. *Mo–Sa 9–24, So 9–15 Uhr | Tel. 04 95 60 79 45 | le-pain-de-sucre.com | €€*

SHOPPEN

In der Markthalle gibt es täglich Produkte aus der Balagne, am Fischerhafen ab 8.30 Uhr Fisch.

ANNIE TRAITEUR
Eine Institution: beste korsische Produkte und frisch zubereitete Köstlichkeiten zum Mitnehmen. *5, Rue Clemenceau | annietraiteur.com*

CORSICA BEAUTY
INSIDER-TIPP
Napoleon, schnupper mal!

Napoleon sagte, er könne seine Insel am Duft erkennen. In Calvi hat Corsica Beauty die Aromen der Macchia eingefangen, als Raumspray fürs Heim oder Parfüm für die Haut. *32, Rue Georges Clemenceau | Tel. 06 24 46 71 68 | corsicabeauty.com*

LE MOULIN ATRIUM
Die liebevoll restaurierte Mühle (von 1853) an der RN 197 nach Lumio ist eine korsische Schatzkammer: Dicke Würste baumeln von der Decke, Konfitüre, Wein und *canistrelli* füllen die Regale, Kunsthandwerk aus Ton und Glas Tresen und Tische. Es gibt *charcuterie* zum Mitnehmen, für den schnellen Kick starken Kaffee vor Ort. *So geschl. | Route de Calvi | moulinatrium.com*

AUSGEHEN & FEIERN

CAFÉ DES FLEURS
Klein, eng, voll und Kult: Im kleinen Eckcafé mit Patio trifft man sich zu Wein und Tapas bei Tony Guglielmacci. Der Patron ist Sänger und Gitarrist und lädt gerne Kollegen zum Konzert. *Tgl. 7–2 Uhr | 10, Rue Alsace-Lorraine (bei der Markthalle) | Facebook*

LE TIRE BOUCHON
Ein kleines Lokal mit hübscher Terrasse. Auf der Karte kann man unter 35 Weinen und köstlichen Kleinigkeiten wählen – mit ihrem Konzept haben die jungen Besitzer Erfolg. *Mitte März–Mitte Okt., in der Hochsaison tgl. bis Mitternacht, sonst Mi geschl. | 15, Rue Clemenceau | Tel. 04 95 65 25 41 | Facebook | €€*

CHEZ TAO
1928 hatte der Exil-Tscherkesse Tao Khan Kereffoff den Sommersitz der Bi-

schöfe von Sagona gekauft, restauriert, und als der Livemusik-Club 1936 öffnete, war er der erste Nachtclub der Insel. Er lockte Stars wie Charles , Guy Bedos und Jacques Higelin an, der die Adresse mit seiner „Ballade de Chez Tao" unsterblich machte. Setz dich auf die Terrasse und erlebe den Sonnenuntergang bei einem Cocktail. *Juni–Sept. tgl. 20–5 Uhr | La Citadelle | Rue St-François | cheztao. com*

INSIDER-TIPP
Sonne im Glas

RUND UM CALVI

⓱ NOTRE-DAME DE LA SERRA
5 km von Calvi / 10 Min. (Auto)
Calvis schönster Sunset Spot! Oberhalb der Klippenküste thront die Ka-

pelle mit ihrer riesigen Statue der Jungfrau Maria auf einem Hügel und eröffnet traumhafte Rundblicke: tief unten die Stadt und der weite Golf, vor den Bergspitzen im Inselinnern ein Friedhof mit stattlichen Familiengräbern in den Hügeln der Balagne. Dann senkt sich die Nacht und taucht das Land in ein Dunkel, in dem Calvi so funkelt, als wolle es den Sternen Konkurrenz machen. Schnellste und schönste Zufahrt: auf der D 81b vorbei an bizarren *tafoni,* erodierten Granitblöcken. *Parkplatz zu Füßen der Kapelle, Aufstieg 5 Min. | ▥ B7*

⓲ CIRQUE DE BONIFATU
23 km von Calvi / 30 Min. (Auto)
An Pinien, Erdbeerbäumen und uralten Buchen vorbei wanderst du im Talkessel von Bonifatu, den 2000 Meter hohe Berge umgeben. Am Forsthaus (Bezahlparkplatz) beginnt – entlang des Figarella-Bachs – der Aufstieg

In Calvi ist es eng und gemütlich: Läden und Lokale in der Rue Clemenceau

zum Felsenmeer *Chaos de Bocca Rezza*. Hinter Roncu, wo sich mehrere Wanderwege kreuzen, wird der breite Weg zum schmalen Pfad. Auf einer wackeligen Hängebrücke überquerst du den Torrent de Ladroncellu und genießt noch ein wenig die Kühle im Kiefernwald. Anschließend geht es bis zur Kreuzung mit dem GR 20 steil bergauf zur hervorragend ausgestatteten Schutzhütte *Refuge de Carrozzu* mit Paradeblick auf die Punta Innominata (1986 m). In wenigen Minuten erreichst du von dort die wohl malerischste, aber auch abenteuerlichste Hängebrücke der Insel: die *Passerelle de Spasimata* in 1230 m Höhe: geht besser nur maximal zu zweit drauf! *Rund 7 Std. Gehzeit hin und zurück, bei Schlechtwetter unpassierbare Furten.*

Die *Auberge de la Forêt (April–Sept. | am Ende der Straße nach Bonifatu | Tel.* *04 95 65 09 98 | auberge-foret-bonifatu.com | €–€€)* bietet für Wanderer 32 Schlafplätze (auch DZ) . 🗺 *C7–8*

🔟 FANGO-TAL ⭐

37 km von Calvi / 45 Min. (Auto) bis Galéria

Schöner als die schnelle Hinterlandverbindung ist die kurvige Küstenstraße D 81b ins Dörfchen *Galéria,* das nur zur Hauptsaison ein wenig wach wird. Dann erholen sich Wanderer von ihrer Mare-e-Monti-Tour auf dem breiten Kieselstrand des Badeortes am Ausgang des Fango-Tals. Die Mündung des Flusses ist ein Unesco–Biosphärenreservat, in dem zwischen Hunderten weißer Seerosen Blesshühner mit ihren Küken leben, Schildkröten sich auf Holzstämmen sonnen und Haubentaucher, Reiher und Eisvögel über die Wasseroberfläche fliegen. Die Natur zu Füßen des alten Genueserturms

Im Fango-Tal kann man zur Abwechslung auch mal in Süßwasser schnorcheln

von Galéria entdeckt man am besten im Paddelboot – Ein- und Zweier-Kajaks vermietet *Delta du Fangu (Juni–Sept. 10–18 Uhr | Tel. 06 22 01 71 89 | delta-du-fangu.com | 1 Std. 6 Euro)*. Die *Residenz L'Incantu (16 App. | Tel. 04 95 62 03 65 | residence-incantu. com | €€)* in Galéria ist Taucherzentrum und Ferienanlage in einem.

Abkühlung bieten auch die vielen Badegumpen im Fango-Tal, Wagemutige stürzen sich hinter dem Örtchen Tuarelli von 8 m hohen Felsen ins klare Gebirgswasser. Geübte Bergsteiger erklimmen am Talende die 2525 m hohe Paglia Orba und den 2343 m hohen Capu Tafunatu. ⌘ *B8*

⟨20⟩ OCCI

12 km von Calvi / 15 Min. (Auto)

Wie sich wohl hier früher einmal das Leben abgespielt hat? Um 1300 waren Bauern auf 377 m Höhe hinaufgezogen, überdrüssig der Überfälle und Kämpfe an der Küste. Die Granithäuser sind verfallen. Einzig die Dorfkirche konnte dank einer Spendenaktion von Schauspielerin Laetitia Casta gerettet werden – die Familie ihres Vaters stammt aus dem Nachbardorf Lumio.

Nicht nur die Aura dieses Orts, auch das Panorama lohnt den halbstündigen Aufstieg von der D 71 oder vom Parkplatz des Hotelrestaurants Chez Charles in Lumio. Lass den Blick schweifen – vom Capu Cavallu über den Golf von Calvi, die Marina von St-Ambroggio, die Pointe de Spanu und, bei klarer Sicht, bis zum Cap Corse.

Danach heißt es Schlemmen mit den Füßen im Sand: Das Restaurant *Le Matahari (Okt.–April Di–So mittags, Mai–Sept. Di–So auch abends | Tel. 04 95 60 78 47 | lematahari.com | €€€)*, 5 km von Occi am Arinella-Strand, serviert Fisch und Seafood mediterran oder asiatisch inspiriert direkt am Meer: einfach magisch bei Kerzenschein! Reservieren. ⌘ *C6*

BOOTSAUSFLÜGE

Ein Ausflug zur Grotte des Veaux Marins an der Halbinsel Revellata (6 km) führt in eine bizarre Grotte mit glasklarem Wasser. 60 km lang ist der Törn mit dem Schiff nach Girolata, vorbei an der wilden Halbinsel Scandola. Der Halbtagesausflug (4 Std.) nach Scandola kostet 60 Euro, der Tagestrip (6 Std.) nach Girolata zum Baden 80 Euro. Weitere Touren führen um die Agriates (4 Std. 60 Euro), in den Golf von Calvi und zur Halbinsel Revellata (2 Std. 30 Euro), die 2½-stündige Sunset Cruise zur Pointe de la Revellata ist für 35 Euro zu erleben. *Tel. 07 87 13 59 97 | calvi-evasion. com | ⌘ B6*

SCHÖNER SCHLAFEN IN KORSIKAS NORDEN

DAS HAST DU DIR VERDIENT

In den 124 Familien- und Einzel-Bungalows oder 30 Wohnzelten, nur 300 m vom Strand entfernt, heißt es, sich zu erholen. Aber wer will, kann im *Feriendorf zum störrischen Esel* von Rhomberg-Reisen gegen Kost, Logis und Lohn mit anpacken – einen Sommer lang. Nur Halbpension. *An der N 197 | Tel. 04 95 65 98 00 | stoerrischer esel.com | €€*

DER WESTEN

KORSIKAS WILDE SEITE

Im Westen Korsikas fallen die Berge steil ins Meer. Feuerfelsen, einsame Buchten und feinste Sandstrände reihen sich in dieser wilden Landschaft aneinander.

Rau und zerklüftet sind die Buchten und im Küstenabschnitt zwischen Galéria und Sagone nur per Boot zu erreichen – wie etwa das Unesco-Weltnaturerbe La Scandola, eine vulkanische Halbinsel. Südlich von Porto hat die Witterung die Felslandschaft so bearbeitet, dass die Calanches de Piana entstanden, eine bizarre Wunderwelt

Stein in allen Größen und Formen: an der Plage de Ficajola

der Fabelwesen aus feurigem Fels. Grandiose Landschaft und Korsikas Weltnaturerbe Nummer zwei.
Gen Süden wird die Küste sanfter, atmet Cargèse Griechenflair, in der nächsten Bucht holt dich die mondäne Atmosphäre der Inselhauptstadt ein: Ajaccio – hier lebt der Napoleonkult, flaniert man unter Palmen und genießt das südliche Savoir-vivre.

DER WESTEN

MARCO POLO HIGHLIGHTS

★ **MARKT VON AJACCIO**
Was für Farben, Düfte! Bitte kosten: Markttag in Korsikas Hauptstadt!
➤ S. 73

★ **GOLF VON PORTO**
Steile Felsen, versteckte Buchten und feine Sandstrände ➤ S. 66

★ **CALANCHES DE PIANA**
Feuerrote Felsen, bizarr geformt
➤ S. 67

★ **CAPU ROSSU**
Wow-Weitblicke auf Welterbe-Landschaften ➤ S. 67

★ **LA SCANDOLA**
Hier haben die Naturgewalten ein Meisterwerk geschaffen ➤ S. 68

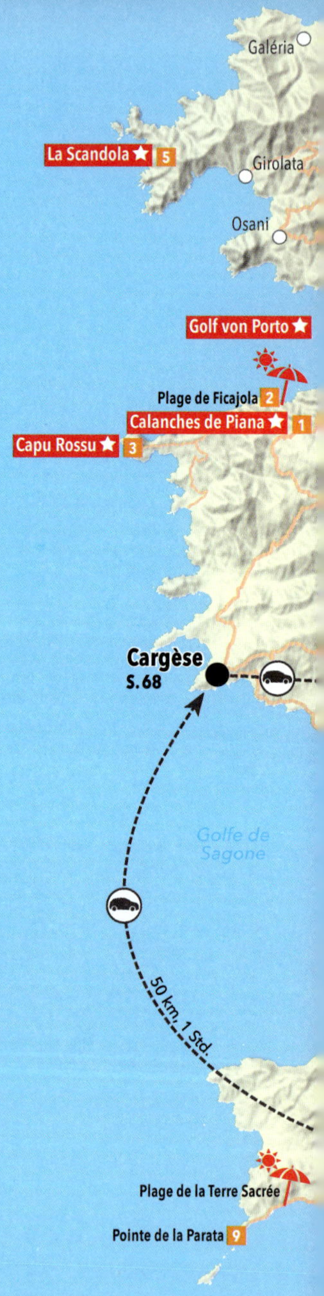
Galéria
La Scandola ★ 5
Girolata
Osani
Golf von Porto ★
Plage de Ficajola 2
Calanches de Piana ★ 1
Capu Rossu ★ 3
Cargèse
S. 68
Golfe de Sagone
50 km, 1 Std.
Plage de la Terre Sacrée
Pointe de la Parata 9
Mer Méditerranée

Bardiana

Corscia

Calacuccia

Albertacce

Casamaccioli

Serriera

Porto S. 66

Ota

4 Gorges de Spelunca

Marignana

Cristinacce

Letia

Soccia

30 km, 40 Min.

Vico

6 Quellgebiet des Liamone

Guagno

Muna

Pastricciola

Cruciate

Salice

Rezza

Sagone

Lopigna

Busso

Sant Erasmu

T20

Ambiegna

Tavera

Sari-d'Orcino

Vero

La Liscia

7 Cinarca

Carbuccia

Ucciani

Calcatoggio

10 A Cupulatta

Peri

11 Bastelica

80 km, 2 Std.

Afa

T20

Pedi Morella

Tolla

Castagnola

Ocana

11 Gorges du Prunelli

T22

8 Les Milelli

Bastelicaccia

Cauro

Guitera

Ajaccio
S. 70

T40

Markt von Ajaccio ★

Porticcio

Campo

Frasseto

Corrano

Molini

Albitreccia

T40

Azilone-Ampaza

Golfe d'Ajaccio

Urbalacone

Zigliara

12 Porticcio & Südlicher Golf von Ajaccio

5 km
3.11 mi

Zerklüftete Welt aus Stein: hoch über dem Golf von Porto in den Calanches

PORTO

📖 *B9* **Bizarre Felsen rahmen die noch recht einsame Küste des** ⭐ *Golf von Porto* **ein, Felsinselchen ragen in den badewarmen Fluten auf. Roter Granit, grüne Macchia und blaues Meer bilden eine Naturkulisse, die sich im Wechsel des Lichts immer neu erfindet.**

In die Farben des Unesco-Weltnaturerbes fügen sich die Urlaubsdomizile von Porto aus rotem Granit so harmonisch ein, dass die Bilderbuchidylle bewahrt wurde. Doch in den Gassen des Örtchens, das zum Bergdorf Ota (590 Ew.) gehört, wimmelt es im Sommer von Besuchern in den Hotels, Bars und Boutiquen.

Die Hafeneinfahrt an der Mündung des Flusses schützt ein mächtiger Genueserturm, der im Innern die Geschichte dieser Wachtürme erzählt. Am anderen Ufer rollt laut die Brandung auf einen 500 m breiten Kiesstrand aus, den Eukalyptusbäume säumen – der nächste Sandstrand ist weit.

ESSEN & TRINKEN

LE BELVEDERE

Logenplatz über dem Hafen: Bar und Restaurant vereint die große Panoramaterrasse unterhalb des Genueserturms mit freiem Blick auf Ort und Bucht. Aus der Küche kommen korsische und internationale Klassiker. Man achtet auf guten Service auch in der Hochsaison. *April–Okt.* | *am Hafen* | *Tel. 04 95 26 82 13* | *hotelrestaurant-lebelvedere-porto.com* | *€–€€*

CHEZ FELIX

Bar und Restaurant (*€€*), Abholservice, Herberge mit Mehrbett- und Doppelzimmern (*€*): Felix ist seit Jahrzehnten für Wanderer der „Mann für alles" im Bergdorf Ota | *Dorfmitte* | *Tel. 06 72 76 49 56* | *gitechezfelixota.com*

RUND UM PORTO

1 CALANCHES DE PIANA ★

10 km von Porto / 17 Min. (Auto)

Südlich von Porto beginnen die Calanches, eine Landschaft aus eigentümlich geformten Felsen, die auch die Küstenstraße 13 km lang bis nach Piana säumen. Schöner ist es, die roten Granitformationen zu Fuß zu entdecken. Dann begegnen dir fantastische Wesen aus Fels wie „Tortue" (Schildkröte), „Aigle" (Adler) oder „Cœur" (Herz). Besonders spektakulär ist die Szenerie am frühen Abend, wenn das letzte Licht der Sonne die Felsen feuerrot färbt, ehe sie sich langsam ins Meer verabschiedet.

In *Piana*, neben Porto zweiter Hauptort am Golf mit vielen Ferienwohnungen, Geschäften und Lokalen, kannst du im Hotel *Les Roches Rouges* (*30 Zi.* | *Tel. 04 95 27 81 81* | *lesrochesrouges.com* | *€€–€€€*) direkt auf den Felsen stimmungsvoll im Ambiente der 30er-Jahre essen. *B9*

2 PLAGE DE FICAJOLA

18 km von Porto / 25 Min. (Auto und 10 Min. Fußweg)

Kurz hinter Piana (1 km) zweigt von der Küstenstraße D 824 die *Route de Ficajola* ab, schon die Fahrt ist ein Erlebnis. Sie führt hinunter zu einem Parkplatz am Ende der Straße, von wo es zu Fuß steil hinab geht. Dann erreichst du einen Strand aus Granit: Eingebettet in rote Felsen, gesäumt von feinen Granitkieseln, fällt er rasch tief ins Meer. Beim Schwimmen blickst du auf die einzigartige Kulisse des Golfs. Paradiesisch! *B9*

3 CAPU ROSSU ★

20 km von Porto / 38 Min. (Auto)

Am Capu Rossu thront mehr als 300 m über dem Meer an einer senkrecht abfallenden Felswand der *Turm von Turghio* über die Südspitze des Golfs von Porto. Hin führt dich eine mittelschwere, dreistündige Wanderung (7 km), bei der am Ende etwas gekraxelt wird. Der Trampelpfad startet am Parkplatz mit Bar an der D 824 (ca. 6 km von Piana entfernt) in Richtung des abgelegenen Sandstrands Plage d'Arone. *A9*

4 GORGES DE SPELUNCA

10 km von Porto / 16 Min. (Auto)

Fast senkrecht fallen die Berge in die wildromantische Schlucht ab, die die Flüsschen Aïtone und Tavulella (Oberlauf des Porto) in den Fels gegraben haben. Folge von Ota aus dem Weg der Schäfer, heute Teil des Weitwanderwegs Tra Mare e Monti, nach Évisa (hin und zurück 5 Std.)! Unterwegs kommst du an mittelalterlichen Bogenbrücken wie der Pont de Zaglia vorbei und kannst in herrlich erfrischende Badegumpen springen! Bequeme fahren nach Évisa und laufen bergab durch die Schlucht. *C9*

5 LA SCANDOLA ★ ☂

45 km Rundfahrt (Boot) ab Porto / 2 ¹/₂ Std.

Auf der Halbinsel nisten Fischadler auf den roten Felsen. Rote Edelkorallen wachsen in den glasklaren Fluten, schwimmen Zackenbarsche umher. Das Betreten der Küste ist streng verboten, Ranger patrouillieren und prüfen die Einhaltung der Auflagen, die Frankreichs ältestes Naturschutzgebiet – und Weltnaturerbe – schützen. So konnte La Scandola einen Lebensraum bewahren, der andernorts längst zerstört ist. Boote dürfen tagsüber einfahren, Ausflüge starten in Galéria *(ab 35 Euro | visite-scandola.com)*, Porto *(45 Euro | scandola-girolata-piana.com)* und Calvi *(60 Euro | calvi-evasion.com).* *A–B 8*

CARGÈSE

B10 **Kaliméra! Griechische Migranten, die vor den Türken vom Peloponnes flüchteten, fanden am Nordende des Golfs von Sagone 1774 eine neue Heimat.**

Mit weiß getünchten Häusern, griechischer Kirche und orthodoxer Ostermontagsprozession ist Hellas noch immer lebendig im malerischen 1000-Ew.-Städtchen. Zwei Fernwanderwege beginnen hier: Mare e Monti Nord und Mare a Mare Nord.

SIGHTSEEING

KIRCHEN

Seit dem 19. Jh. stehen sich die griechisch-orthodoxe *Église St-Spiridon* mit sehenswerten Ikonen und die katholische, in neobarockem Stil erbaute *Église de l'Assomption* gegenüber. Der Pfarrer hält den Gottesdienst abwechselnd in der einen oder der anderen.

ESSEN & TRINKEN

BEL MARE

Nustrale ist eine Schweinerasse, die nur auf Korsika zu finden ist: Hier im Bel Mare kannst du Gerichte aus diesem Fleisch probieren! Oder soll es lieber Meeräschen-Tartar, Thunfisch oder Lamm sein zum Paradeblick auf die Küste von der Terrasse hoch über Cargèse? Auch 12 Zimmer *(€€)*. *März–Nov. tgl. | Tel. 04 95 26 40 13 | belmare. net | €€*

LE CABANON DE CHARLOTTE

Hafenlokal zum Wohlfühlen mit köstlicher Fischküche. **Bei der Soirée Corse (in der Hauptsaison jeden Do) spielen lokale Künstler und Bands.** *April–Nov. tgl. 10–24 Uhr | im Yachthafen | Tel. 06 81 23 66 93 | €–€€*

INSIDER-TIPP
Korsischer Abend

STRÄNDE

Traumhafte Sandstrände findest du in *Chiuni* und *Peru* nördlich des Orts sowie im Süden *Ménasinu, Capizollu* und die *Plage de Stagnoli* – letztere ist ein durch Felsen zweigeteilter familienfreundlicher Sandstrand.

RUND UM CARGÈSE

6 QUELLGEBIET DES LIAMONE

27 km von Cargèse bis Vico / 35 Min. (Auto)

Keine Malaria, keine Piraten: Mehr Argumente brauchten die Bischöfe nicht, um 1572 ihren Sitz von Sagone nach *Vico* bergauf zu verlegen. An der D 23, 3 km von Vico an der Brücke, gibt es herrliche Badebecken im Liamone. In Murzo biegt die D 4 Richtung Muna ab. Je tiefer sie in die Bergwelt vordringt, desto abenteuerlicher wird sie. Das einst verlassene *Muna* erlebt einen neuen Frühling: Ehemalige Dörfler verlegen wieder ihren Wohnsitz hierher, Häuser werden als Ferienobjekte instand gesetzt, kurz: Das Leben kehrt zurück. Erkunde das Bergnest auf steinigen Wegen und Treppen und fahre dann via Rosazia und Salice zum Fluss Cruzzini mit seinen erfrischenden Badebecken!

Auf der D 23 erreichst du via Guagno-les-Bains das hübsche Dorf *Soccia* auf einem Bergsporn über tiefen Schluchten. Am Parkplatz oberhalb des Dorfs beginnt eine großartige Höhenwanderung: Folge dem markierten Weg hinauf zum *Lac de Creno*, der in gut einer Stunde (300 Höhenmeter) zu erreichen ist.

INSIDER-TIPP **Waldpause** Um den Bergsee im Wald liegen wunder-

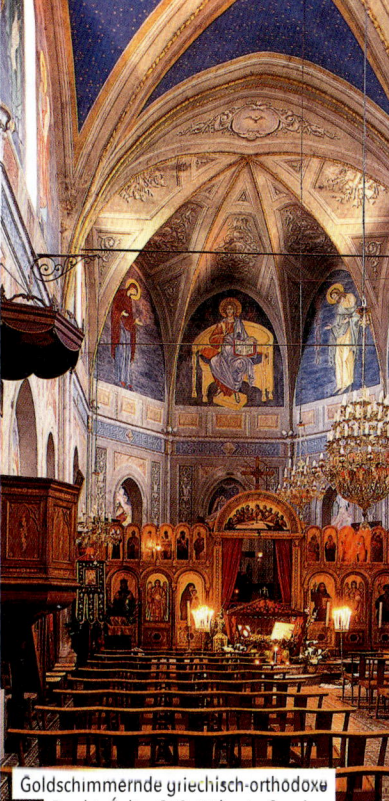
Goldschimmernde griechisch-orthodoxe Pracht: Église St-Spiridon in Cargèse

schön schattige Plätze zum Picknicken! *C–D10*

7 CINARCA

27 km von Cargèse / 32 Min. (Auto)

Terrassen, auf denen Trauben, Oliven, Zitrusfrüchte wachsen. Die Cinarca, das hügelige Hinterland der Bucht von Sagone zwischen den Flüssen Liamone und Gravona, birgt dichte Macchia und kleine Dörfer wie *Sari d'Orcino, Calcatoggio* und *Casaglione*, voller Flair und Geschichte. Korsikas höchstgelegenes Weingut, *Clos d'Alzeto (closdalzeto.com)* bei Sari, steht für Spitzenweine. ▦ *C11*

BADEORTE AM GOLF VON SAGONE

25 km von Cargèse bis La Liscia / 30 Min. (Auto)

In der weiten Bucht reiht sich ein kleines Badeörtchen an das nächste, alle mit Wassersportangeboten, Strandbars und entsprechender Infrastruktur: Sagone mit der Ruine der Kathedrale Sant'Appiano oberhalb der Sagone-Mündung, Santana, San Giuseppe, Liamone, Stagnone, Lava ... Und 🦩 *La Liscia,* von wo dich *Corsica Adventure (Tel. 06 07 76 99 30 | corsic adventure.com)* mitnimmt zu Gleitschirmflügen im Tandem oder rasanten Jetski-Fahrten. Hunger?

INSIDER-TIPP
Strandvergnügen und Nervenkitzel

Dann genieße Hummer, Langusten, fangfrischen Fisch oder Fleisch vom Holzkohlegrill auf der Terrasse des *L'Ancura (April–Sept. tgl. | Tel. 04 95 28 04 93 | ancura.fr | €)* am Hafen von Sagone, Bucht und Berge fest im Blick. ▦ *B10*

AJACCIO

▦ *B–C12* **Mehrspurige Zufahrten, Hochhäuser, Prachtbauten, Häfen – und überall wird gebaut: Ajaccio boomt! Kaum zu glauben, dass die Inselhauptstadt nur 66 000 Einwohner hat. Umgeben von einsamen Bergen und Buchten, vibriert**

Korsikas größte Stadt mit quirliger Lebendigkeit und Lebenslust.

Bummeln unter Palmen entlang prächtiger Boulevards, die Aromen und Düfte der Insel während der Markttage auf der Place Foch schnuppern, wie die Locals in der Rue Fesch und der Cours Napoléon shoppen – lass dich durch die engen Gassen treiben zwischen hohen Häusern in warmen Gelb- und Terrakotta-Tönen. Die Bars und Restaurants der Altstadt sind bis tief in die Nacht hinein besetzt.

Kaiser Napoleon I. liebte das Savoir-vivre seiner Geburtsstadt, sein Erbe ist heute allgegenwärtig in der Cité Impériale, in der das Parlament für gesamtkorsische Angelegenheiten seinen Sitz hat, die Assemblée Régionale de Corse. Heute wollen die Korsen nicht mehr von Paris regiert werden und steuern in Richtung Autonomie.

SIGHTSEEING

PLACE MARÉCHAL FOCH

In römischer Toga und mit Lorbeerkranz blickt ein marmorner Napoleon eiskalt von der Mitte des Löwenbrunnens aus auf den *Petit Train,* der von hier zu Rundfahrten startet. Die palmenumstandene Place verbindet Altstadt und Hafen, Grandezza und Volkstümlichkeit.

MAISON BONAPARTE 🦩

Das Haus der Familie Bonaparte, in dem Napoleon I. zur Welt kam und von wo er durch eine Falltür im Dunkel der Nacht fliehen musste. Weltgeschichte hautnah ... *Di–So 10.30–12.30 u. 13.15–18 Uhr (Okt.–März 13.15–*

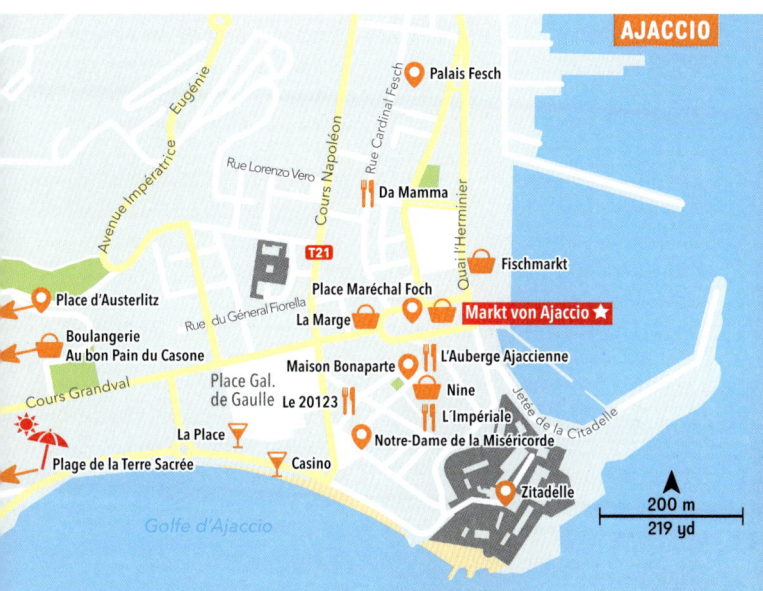

AJACCIO

Palais Fesch

Rue Lorenzo Vero

Da Mamma

Cours Napoléon

Rue Cardinal Fesch

Avenue Impératrice

Eugénie

T21

Quai l'Herminier

Fischmarkt

Place d'Austerlitz

Rue du Général Fiorella

Place Maréchal Foch

La Marge

Markt von Ajaccio ★

Boulangerie
Au bon Pain du Casone

Maison Bonaparte

L'Auberge Ajaccienne

Cours Grandval

Place Gal.
de Gaulle

Le 20123

Nine

L'Impériale

La Place

Casino

Notre-Dame de la Miséricorde

Jetée de la Citadelle

Plage de la Terre Sacrée

Zitadelle

Golfe d'Ajaccio

200 m
219 yd

16.30 Uhr) | Eintritt 7 Euro | 3, Rue St-Charles | short.travel/ksk7 | ⏱ *1/2 Std.*

NOTRE-DAME DE LA MISÉRICORDE

160 m entfernt von seinem Geburtshaus wurde Napoleon hier 1771 getauft. Kurz vor seinem Tod auf St. Helena äußerte er den Wunsch, in der Kathedrale mit mächtiger Kuppel aus dem 16. Jh. beigesetzt zu werden, falls Paris seinen Leichnam ablehne. *Mo–Sa 8–11.30 u. 14.30–17.45, So 8–11.30 Uhr | Rue Forcioli-Conti*

ZITADELLE

Militär, Stadt und Staat wollen die Zitadelle (von 1492) künftig für Besucher öffnen, doch bis dahin ist das 1553 zur Verteidigung ausgebaute Bollwerk nur an den Journées du Patrimoine im

September zu besichtigen. Millionen kosten die Boote, die zu Füßen der Zitadelle im Yachthafen vertäut liegen. Und mittendrin, die Trawler der Fischer, am besten zu sehen von der Mole *Jetée de la Citadelle!*

INSIDER-TIPP
Malerisch maritim

PALAIS FESCH

Porträts der Familie Bonaparte, italienische Werke und heute auch korsische Kunst zeigt die Sammlung, die Napoleons Onkel, Kardinal Fesch, seiner Heimatstadt vermacht hat. Aus den Erlösen, die die Sammlung nach dem Tod des Kardinals erzielte, finanzierte Napoleon III. den Bau der kaiserlichen Grablege *Chapelle Impériale (nur im Sommer geöffnet | Eintritt 1,50 Euro)* nebenan. Er selbst ruht allerdings in England ... *Mai–Okt. tgl. 9.15–18, Nov.–April tgl. 9–17 Uhr | Eintritt 8 Euro | 50, Rue Fesch | musee-fesch.com|* ⏱ *1 Std.*

PLACE D'AUSTERLITZ

Imposanter gehts nicht: Über einem Sockel und einer Treppe mit 50 Stufen erhebt sich die größte Napoleon-Statue der Insel und listet auf einer Tafel alle seine Siege auf. Von oben auf den Stufen hast du einen tollen Blick über

Typische Altstadtgasse in Ajaccio

Stadt und Bucht! In der dahinter liegenden Grotte soll Napoleon als Kind gern gespielt haben, so heißt es. *Am Ende des Cours du Général Leclerc*

ESSEN & TRINKEN

L'AUBERGE AJACCIENNE

Authentisch und frisch lautet das Credo von Noël Comelli, der in der Altstadt ausschließlich Inselküche serviert: korsische Forellen, *beignets aux courgettes* (Zucchini-Krapfen), Zicklein mit Polenta und *fondant à la chataîgne*, warme Kastanien-Küchlein. *4, Rue Bonaparte | Tel. 06 09 76 64 57 | auberge-ajaccienne.com | €€*

L'IMPÉRIALE

Was die vier Schulfreunde neben dem Maison Bonaparte seit 2015 brauen, ist allerfeinstes korsisches Craft Beer, zu dem es rustikale *planches* gibt, Platten mit *charcuterie* oder Käse – drinnen neben den kupfernen Braukesseln oder draußen auf der kleinen Terrasse. *5, Rue Zevaco Maire | Tel. 06 10 34 20 15 | Facebook | €*

INSIDER-TIPP
Süffig & lokal

LE 20123

Komplett mit Dorfbrunnen und geparkter Vespa bildet das Interieur das Dorf Pila-Canale nach, dessen Postleitzahl Namensgeber war. Gekocht wird nach authentischen Rezepten. Besser reservieren. *2, Rue du Roi de Rome | Tel. 04 95 21 50 05 | 20123.fr | €€*

DA MAMMA

Hier genießen Einheimische korsische Gerichte von Ziege oder Lamm,

Fisch- und Nudelgerichte – und freuen sich über das sehr gute Preis-Leistungs-Verhältnis. *So und Mo nur abends | Passage de Gunighetta | Tel. 04 95 21 39 44 | €–€€*

SHOPPEN

MARKT ★ ⚑
Der schönste Markt Korsikas, eine bunte, duftende Fülle einheimischer Produkte, auch Kleidung. *Di–So 8–12 Uhr | Place Foch*

FISCHMARKT
15 Stände bieten Thunfisch, Rochen und Forelle im Erdgeschoss des Rathauses in der *halle aux poissons. Tgl. 7.30–12.30 Uhr (Okt.–April Mo geschl.) | Zugang: Quai L'Herminier, Quai Napoléon*

LA MARGE
Unabhängig, gut sortiert und eine Fundgrube für Korsika-Literatur: die beste Buchhandlung der Insel präsentiert regelmäßig (lokale) Autoren. *Mo–Sa 9–19.30 Uhr | 4, Rue Emanuel Arène*

NINE
Francesca Benvenuti hat erst die Welt bereist, dann eines der ersten trendigen Modelabels der Insel begründet. Nine steht für tragbaren Schick, lässig und doch gut angezogen – perfekter Urlaubslook von der Insel! *13, Rue du Roi de Rome | nine-collection.com*

BOULANGERIE AU BON PAIN DU CASONE
Frisch aus dem Ofen schmecken die *beignets au brocchiu,* kleine, süße Hefebällchen mit Schafskäsefüllung, am besten. Die typisch korsischen Backwaren der unscheinbaren Konditorei und Bäckerei sind so beliebt, dass nachmittags die Regale kräftig geleert sind. *12, Cours Général Leclerc*

SPORT & SPASS

COULEUR CORSE
Laetitia und ihr Team organisieren u. a. Wandern auf dem GR 20, Seekajaktouren oder Canyoning im Bavella-Massiv. Erlebnisse für Aktive, die auf eigene Faust oder geführt unterwegs sein wollen. *6, Boulevard Fred Scaramoni | Tel. 04 95 10 52 83 | couleur-corse.com*

SENTIER DES CRÊTES
Duftende Macchia, Steinskulpturen und tief unten das Meer: Pack ein Picknick und die Wanderkarte IGN Top 25 ein und folge dem Höhenweg auf dem Kamm der Küstenberge von Ajaccio bis zur westlichen Landspitze Les Sanguinaires (hin und zurück ca. 5–6 Std.). Schönster Hausstrand Ajaccios ist die ☀ *Plage de la Terre Sacrée* mit feinstem Sand und Paradeblick auf die Inseln. Zum Start am Bois des Anglais bringt dich die Buslinie 5. *▭ B12*

AUSGEHEN & FEIERN

CASINO ☂
Poker, Roulette und einarmige Banditen kennst du. Aber Craps? Das Glücksspiel mit dem Würfel ist Kult im *Casino (tgl. 13–3 Uhr).* Den Hunger beim Glücksspiel stillt das Restaurant *La Rotonde (Di–Sa 20–23.30 Uhr | Tel.*

Fantastische Aussichten: ein genuesischer Turm wacht über der Landspitze La Parata

04 95 50 40 65 | €€), die Nacht verlängert *L'Entre Acte (Do–Sa 23.30–4 Uhr)* mit Pianobar und Diskothek. *Boulevard Pascal Rossini | casino-ajaccio.com*

LA PLACE
Der Hotspot für heiße Partys, gleich neben dem Casino. Gespielt wird, was gerade angesagt ist – und immer wieder Dance, House, R'n'B, Rock und Ambient. *Place du Diamant | Facebook: laplaceajaccio*

RUND UM AJACCIO

8 LES MILELLI
5,5 km von Ajaccio / 15 Min. (Auto)
Das ehemalige Landgut der Familie Bonaparte mit Olivenhain ist heute ein botanischer Garten, der Sozialarbeit und Umwelterziehung verknüpft. Das Arboretum stellt korsische Bäume vor, der Lehrgarten macht Schüler mit der Landwirtschaft vertraut und versorgt Bedürftige. Während der Veranstaltungen *Ajaccio fête le printemps* und den *Journées du Patrimoine* stellen Führungen das Projekt vor. *Das Haus ist nicht zu besichtigen. Aboretum Mai–Okt. tgl. 9–18, Nov.–April tgl. 9–17 Uhr | Eintritt frei | an der D 61 |* 🚏 *B12*

9 POINTE DE LA PARATA
13 km von Ajaccio / 30 Min. (Auto)
Der Sunset Spot! Vom Wachturm der Landspitze blickst du auf die *Îles Sanguinaires*. Als schwarze Silhouette zeichnen sich die vier Inseln vor dem blutroten Himmel ab – Romantik pur! Warum die Pointe de la Parata unter Naturschutz steht, verrät dir ein Naturlehrpfad, der am Parkplatz beginnt.

Ebenfalls am Parkplatz: der Anleger der Fähren zum Archipel. *Buslinie 5 ab Place Charles de Gaulle oder 10 km entlang der Route des Sanguinaires bis zum Parkplatz |* ⬚ *B12*

❿ A CUPULATTA 🐢
22 km von Ajaccio / 35 Min. (Auto)
An der N 193 Richtung Bastia liegt die Aufzuchtstation für Schildkröten. In der Mittagshitze verstecken sich die Tiere, komm am besten so früh wie möglich. Nach dem Besuch ist Zeit für ein Picknick am nahen Fluss. *Vignola | Mitte Mai–Mitte Sept. tgl. 9–19, April–Mitte Mai u. Mitte Sept.–Okt. tgl. 10–17.30 Uhr | Eintritt 12 Euro, Kinder (5–11 Jahre) 9 Euro | Facebook |* ⬚ *D12*

⓫ BASTELICA & GORGES DU PRUNELLI
40 km von Ajaccio / 50 Min. (Auto) bis Bastelica
Oh, Othello! Vorbild für Shakespeare war der Korse Sampiero Corso, der 1497 in Bastelica geboren wurde – die T40 bringt dich ins Bergdorf inmitten von Kastanienwäldern, wo der Nationalheld heute als Bronzestatue kämpferisch den Säbel zückt. Sein Schwager hatte ihn ermordet: Blutrache! Koste die *charcuterie*, für die Bastelica berühmt ist, bspw. im stylischen *Artemisia (auch 6 Zi. | Boccialacce | Tel. 04 95 28 19 13 | hotel-artemisia.com).*
Wild, steil, und stellenweise sehr, sehr eng sind die *Gorges du Prunelli.* Bizarr ausgewaschene *tafoni*-Felsen sind Hingucker der Schlucht unterhalb von Bastelica, die du im Auto auf

INSIDER-TIPP
Schwein gehabt

der D3 oder beim Wandern auf schmalen, unmarkierten Saumpfaden entdecken kannst. Der Fluss hat hier tiefe Schluchten gefräst, ehe er bei Tolla aufgestaut wird. ⬚ *D11*

⓬ PORTICCIO & SÜDLICHER GOLF VON AJACCIO
18 km von Ajaccio / 30 Min. (Auto) bis Porticcio
Ist das voll hier! Aber auch wunderschön ist Porticcio in der gleichnamigen Bucht: feinster Sand, Strandbars, Wassersportverleih, weite Blicke – der 20-Minuten-Bootsshuttle verbindet den Ort mit der Hauptstadt. Ruhiger wird's nur ganz im Norden der Plage de Porticcio. In der AOP Ajaccio dominiert die Sciaccarellu-Traube. Melissa und Eloïse vom Weingut *Clos Capitoro* in Pisciatello *(Route de Sartène | clos-capitoro.com)* vinifizieren daraus kraftvoll-elegante Rote. Die Strände von Ruppione und Agosta sind paradiesisch für Surfer. Einmalig schön ist die Fahrt über die D55 in die Wälder und über die Pässe entlang des südlichen Golfs bis ans Capu di Muru. ⬚ *C12–13*

SCHÖNER SCHLAFEN IN KORSIKAS WESTEN

LUXUS, GANZ LÄSSIG
Privatstrand und Klippenpool, alle Zimmer mit Balkon oder Terrasse, kreative Schlemmerküche und das alles mit Fifties-Flair, stylisch ins 21. Jh. katapultiert: *Dolce Vita* – der Name passt! *32 Zi. | Route des Sanguinaires | Tel. 04 95 52 42 42 | hotel-dolcevita.com | €€€*

DAS BERGLAND IM INNEREN

Spitzenreich: 120 Gipfel von über 2000 m Höhe formen das Herz der Insel. Geologisch gesehen, gehören sie zu zwei Massiven. Im Nordosten das jüngere, kleinere Schiefermassiv, das auch das Cap Corse bildet und etwa auf der Linie L'Île-Rousse–Corte–Solenzara in einem Grabenbruch endet. Sein höchster Berg, der San Petrone, misst 1767 m. Größer, höher und imposanter ist das Granitmassiv, das die Insel von Nordwesten nach Südosten durchzieht. Erst Gletscher, dann Flüsse haben die Landschaft geformt mit schroffen, an anderer Stelle

Auf dem Monte Incudine

glatt polierten Felsen, tiefen Schluchten und ausgewaschenen Gumpen. Schwarzkiefern, Kastanien und Buchen klammern sich an den Fels und Mufflons staksen über die Geröllfelder des Monte Cinto (2706), Korsikas höchstem Gipfel. Selbst im Hochsommer kann hier das Wetter schnell umschlagen und Kälte, heftige Gewitter und selbst Hagel und Schnee mit sich bringen. Die vier wichtigsten Pässe an den Eingängen ins Hochland, der Col de Vergio, der Col de Verde, der Col de Vizzavona und der Col de Bavella, sind im Winter oft unpassierbar.

DAS BERGLAND IM INNEREN

Mer Méditerranée

Golfe de Porto

Golfe de Sagone

Golfe d'Ajaccio

Moncale
Suare
Galéria
Bardiana
Osani
Partinello
Porto
Ota
Évisa
Piana
Renno
Vico
Appriciani
Cargèse
Sagone
Lopigna
Sant Erasmu
Ambiegna
Tiuccia
Sari-d'Orcino
Sarrola
Afa
Castagnola
T20
T22
Ajaccio
T40
Porticcio
Molini

ASCO-TAL

📖 *D–E 7–8* **Zum Auftakt ein 10-km-Canyon: Die Gorges de l'Asco bilden den dramatischen Zugang zum nördlichsten der Hochgebirgstäler.**

Die Straße D 147 führt ca. 32 km durch die abgeschiedene Gegend zum Talkessel zu Füßen des Monte Cinto (2706 m). Haut-Asco ist Ziel der dritten Etappe des GR 20. Von dort bietet sich der Aufstieg (ca. 5 Std.) auf Korsikas höchste Spitze an.

Einziges Dörfchen im Tal ist *Asco* mit 121 Einwohnern, die wie etwa *Mathieu Guidoni (1, Rue Paggiola | miel-corse-asco-guidoni.net)* aromenreiche Honige aus Lavendel, Rosmarin und anderen Wildblüten gewin-

INSIDER-TIPP
Berg-Genuss!

nen und vor Ort verkaufen, die Milch der halbwilden Ziegen und Schafe zu Käse verarbeiten und vom Tourismus leben. In steilen Kehren windet sich die Straße hinauf und endet an der Skistation auf 1450 m Höhe, umgeben von Zweitausendern. Wilde Mufflons leben im Forst, seltene Bartgeier und Steinadler kreisen am Himmel. Wildnis pur!

ZIELE IM ASCO-TAL

1 PUNTA CULAGHIA
55 km von Corte / 1 Std. 7 Min. (Auto, D 147 und T20)

Eine der schönsten Wanderungen im Asco-Tal führt dich in rund sechs Stunden über die 2034 m hohe Punta Culaghia und wieder zurück. Sie beginnt am Parkplatz des Chalet du Haut-Asco. Hinter den Stelzenhütten des Refuge

Korsikas höchste Gipfel im Blick: unterwegs im Asco-Tal

de Stagnu ist der Wanderweg rot-weiß in den Farben des GR 20 ausgezeichnet. Der steile Aufstieg im Schatten des duftenden Kiefernwaldes ist extrem schweißtreibend. Nach 30 Minuten ist die Baumgrenze erreicht, nach einer weiteren Stunde und leichter Kraxelei (man sollte trittsicher und schwindelfrei sein) die *Bocca di Stagnu* mit traumhafter Aussicht – gen Westen ins Fango-Tal, gen Osten ins Asco-Tal. Von hier könntest du auf einem Schlenker den nördlich gelegenen Gipfel *A Muvrella* (2148 m) in Angriff nehmen – plane rund 1,5 Stunden dafür ein.

Der Hauptweg führt am Grat entlang weiter nach Süden. Die Markierungen sind rot-weiß oder grau übermalt, weil dieses Wegstück keine offizielle GR-20-Etappe mehr ist. Stellenweise ist der Weg zwischen Schotter, Geröll, Felsen und Steinplatten kaum zu erkennen. Doch die Orientierung hin zur Punta Culaghia heißt einfach: auf der Höhe bleiben. Der Gipfel ist nicht besonders markant, der Blick umso spektakulärer: vor dir die Felsnadeln der Punta Stranciacone, daneben der Monte Cinto, in der Ferne das Meer.

Nach einem kurzen Aufstieg zur Breche de Missoghiu beginnt bereits der Abstieg. Durch eine Felsrinne gelangst du zum oberen Ende eines Skihangs. Steil führt er hinab. Im Frühjahr verdecken Schneefetzen das lose Geröll: Vorsicht! Weiter bergab erscheint wieder die rot-weiße Markierung des GR 20. Vorbei an imposanten Schwarzkiefern erreichst du den Parkplatz und Ausgangspunkt der Wanderung.
D8

2 MAISON DU MOUFLON

50 km von Corte / 1 Std. 6 Min. (Auto)
Das Mufflon ist der Star des Heimatmuseums, das Tiere, Pflanzen und bäuerliches Erbe vorstellt – mit 1,5 km langem Naturlehrpfad. *Hochsaison tgl. 10.30–17.30 Uhr | Eintritt 2,50 Euro | direkt an der D 147 an der Skistation | Asco Stagnu | asco.corsica | D8*

3 CASTIFAO

34 km von Corte / 38 Min. (Auto)
Am südlichen Ortsausgang des kleinen Dorfes in einem nördlichen Seitental steht die von außen unscheinbare Klosterruine *St-Francesco de Caccia* von 1569. Als der Friedhof zu klein wurde, begannen die Bewohner, ihre Verstorbenen in der ausgedienten Kirche zu beerdigen. Ein Blick durch das Hauptportal verschafft Gänsehaut-Feeling. *E7*

ESSEN & TRINKEN

L'ACROPOLE

Rustikaler Gasthof in Asco mit bodenständig guter Küche. Ein Swimmingpool mit Bergblick macht das Wandererglück komplett. Auch einfache Gästezimmer. *April–Okt. | Tel. 04 95 47 83 53 | acropole-asco.com | €–€€ | D7*

CHALET DU HAUT-ASCO

Das Traditionshaus hoch oben im Tal begeistert Wanderer und Biker mit guter, reichhaltiger Küche in allerbester korsischer Tradition. *22 Zi. (darunter auch Mehrbettzimmer) | Haut-Asco | Tel. 04 95 47 81 08 | hotel-lechalet-asco.com | € | D8*

SPORT & SPASS

IN TERRA CORSA

Rafting, Canyoning, Wasserwandern und Tyrotrekking: *In Terra Corsa (Route de Calvi | Ponte Leccia | Tel. 04 95 47 69 48 | interracorsa.com)* verleiht nicht nur Ausrüstungen, sondern bietet auch geführte Touren an – auch für Familien mit Kindern! ⊞ E7

NIOLO

⊞ D8 **Stolz ragt die Paglia Orba über dem Hochtal des Niolo auf, das Korsikas längster Fluss durchfließt: der Golo.**

Ins Gebiet der Hirten kommst du nur auf der D 84: von Westen über den 1464 m hohen Pass Col de Vergio, von Osten durch die Scala di Santa Régina. Beim Wandern werden dir neben unzähligen Schweinen auch immer wieder halbwilde Ziegen und Schafe begegnen – das Niolo ist die größte Sommerweide der korsischen Hirten. Deren Milch verarbeiten sie zu einem sehr weichen, würzigen Rohmilchkäse. Den 400 g schweren Niolu bekommst du nur in den fünf Dörfern der Hochebene. Hol' ihn dir für ein Picknick!

INSIDER-TIPP
Einfach mal kosten!

ZIELE IM NIOLO

4 SCALA DI SANTA REGINA ⭐

Unten der Golo, oben die Gipfel: Die „Treppe der heiligen Königin" windet sich abenteuerlich eng an den Felsnasen der wildzerklüfteten Schlucht (D 84) vorbei. Unterwegs mal anhalten kannst du am besten 7,5 km hinter Ponte-Castirla bei der Brücke über den Ruda, einem kleinen Nebenfluss des Golo. Nur zwei bis vier Fahrzeuge passen in die Parkbucht – komm also früh! Rechts den Hang hinab erreichst du einen Maultierpfad, bis 1889 die einzige Verbindung aus dem Niolo nach Osten. ⊞ E8

5 CALACUCCIA & LAC DE CALA-CUCCIA

Du willst ausgiebig wandern oder mountainbiken? Dann quartier dich im kleinen Dorf Calacuccia ein – dort kannst du nach deinen Touren auch im gleichnamigen Stausee schwimmen! Der Stausee, in dem sich die Bergwelt wunderschön spiegelt, liefert seit 1968 Strom aus Wasserkraft und bewässert die östliche Küstenebene. Rundherum führt eine 9 km lange Panoramastraße. Unterhalb des Sees solltest du nicht im Golo baden: Wird Wasser abgelassen, ergießt sich eine gefährliche Flutwelle talwärts.
Ein junges Paar serviert im Gastropub *Auberge du Fucaghjolu (Lieu di Pianotoli | Calacuccia | Tel. 04 20 57 11 82 | Facebook: pg/AubergeuFucaghjolu | €–€€)* authentische korsische Küche. ⊞ D8–9

6 VIRU-TAL

Die *Paglia Orba* (2525 m) ist schwer zu bezwingen. Einfacher genießen kannst du „Korsikas Matterhorn" bei einer Wanderung im Vallée du Viru, das du von Albertacce auf der D 318 über Calasima erreichst. Stell den Wa-

Wenn die Mandelbäume blühen, zieht der Frühling ins Niolo-Tal ein

gen ab, wo die Straße unwegsam wird, und wandere in rund 40 Minuten zur *Grotte des Anges* (1226 m): ein überwältigender Blick eröffnet sich hier! Wer bis zur Bergerie de Ballone wandert, findet tiefe Badegumpen im Fluss. ⌂ *C–D 8–9*

7 LAC DE NINO ★

Höchstwertung! Der Weg zum 1743 m hoch gelegenen Nino-See auf dem Camputile-Plateau gehört zu den schönsten Tagestouren auf Korsika. Die mittelschwere Wanderung (reine Gehzeit: 4 Std., 700 Höhenmeter) beginnt am Forsthaus von Poppaghia (D 84 Albertacce – Col de Verghio). Folge der gelben Markierung durch Kiefernwald zur Bergerie de Colga (1411 m). Ab hier führt der Weg über kleinere und größere Felsen sowie Geröll zur *Bocca à Stazzone* (1762 m):

Fotopause! Der Ausblick auf den 6,5 ha großen See, in dem der Tavignano entspringt, ist fantastisch! ⌂ *D9*

FESTE & EVENTS

A SANTA DI U NIOLU

Casamaccioli gehört zu den abgelegensten Orten der Insel. Doch am 8. September pilgern Korsen in Scharen hierher. Dann feiert das 100-Einwohner-Dorf Korsikas größtes Marienfest. Die Jungfrau ist die Schutzpatronin Korsikas und wird an ihrem Geburtstag alljährlich zum Dorfplatz getragen. Dort endet die Prozession mit einer *Granitola,* einem verschlungenen Schreiten, das eine Spirale bildet. Schau zu und erlebe Gesangswettbewerbe, Markttreiben und Tanz. Immer dazu gehört auch das gemeinsame Mahl unter freiem Himmel.

Die Zitadelle von Corte steht eindrucksvoll für den Widerstand gegen Fremdherrschaft

BOCOGNANO

🗺 D–E11 **Der Anschluss an die Bahnlinie Ponte-Leccia–Ajaccio, Wasserfälle und ausgedehnte Kastanienwälder machen das typisch korsische Bergdorf Bocognano (450 Ew.) zu einem beliebten Startpunkt für Wanderungen.**

Der beschauliche Hauptort des Gravona-Hochtals verfügt dementsprechend über eine erstaunlich gute Infrastruktur.

SIGHTSEEING

CASCADE DU VOILE DE LA MARIÉE

Korsikas höchster Wasserfall stürzt sich 4 km südlich von Bocognano zu Tal. Auf einer Breite von 12 m rauscht der Trotto-Bach 70 m in die Tiefe – besonders üppig nach der Schneeschmelze. Markierte Wanderwege führen vom Dorf aus hin oder, kürzer, von der Brücke über den Trotto aus, zu der man nach 3,2 km Fahrt auf der D 27 in Richtung Bastelica gelangt. 🗺 D11

RICHJUSA-SCHLUCHT

Vom oberen Ortsausgang führt ein schmales Sträßchen hinunter zum Ortsteil Busso. Vom Wanderparkplatz an der Gravona aus erreichst du den Eingang der imposanten und gut versteckten Clue de la Richiusa nach ca. 45 Minuten (2,5 km von Bogognano | 🗺 D10), wo du auch herrlich baden kannst.

INSIDER-TIPP
Nasse Kicks

Oder rutsch über Felsen und spring in Naturpools, kurz: erlebe die enge Klamm beim Canyoning! Schließ dich dazu bspw. *Canyon Corse (April–Okt. 8.30 und 13.30 Uhr, Treffpunkt Place de la*

Fontaine vor der Bar des Amis | Tel. 04 65 10 52 83 | canyon-corse.com | 50 Euro) an.

ESSEN & TRINKEN

PIZZERIA COPACABANA

Direkt am Abzweig N 193/D 27 befindet sich das überdachte Terrassenlokal. Außer Pizzas bieten Marie Do und Patrick auch leckere Salate und frisch Gegrilltes. *Mai–Sept.* | *Tel. 04 95 27 42 21* | €

A TANEDDA

So lecker ist korsische Hausmannskost! Tannu und Achille von der Ferme Auberge im unteren Ortsteil bieten auf ihrer Karte eine traditionelle, stets frische Landküche im Rhythmus der Jahreszeiten, oft mit Produkten aus eigener Herstellung. *April–Okt.* | *Tel. 04 95 27 42 44* | €€

SHOPPEN

U MANDRIOLU

Auf einer alten Orangenplantage presst Pierre Antoine Alessandri u. a.  essenzielle Öle aus Aromapflanzen im Bioanbau. Currykraut (Immortelle) – dufte! *Sarrola-Carcopino (29 km südwestl.)* | *Tel. 04 95 25 63 52* | mandriolu.com

CORTE

📖 E9 **Corte (7400 Ew.) ist die einzige Stadt im Inselinneren und bis** heute **Symbol des korsischen Kampfs für Selbstbestimmung: die „heimliche Hauptstadt" Korsikas.**

Pasquale Paoli hatte das Widerstandsnest gegen Genua 1755 für 14 Jahre zum Regierungssitz erhoben und die Universität gegründet. Ihre Studenten stellen heute die Hälfte der Einwohner und sorgen für lebendiges Flair in der Stadt: Ganz oben hockt die Zitadelle auf dem Fels, darunter folgt die Alt- oder Oberstadt mit den beliebten Plätzen Gaffori und Saint-Théophile bis zur Cours Paoli, der Schlagader der Neustadt. Stell dort dein Fahrzeug im Parkhaus Tuffelli an der Avenue Jean Nicoli ab.

SIGHTSEEING

COURS PAOLI

Die Flanier- und Einkaufsstraße ist die Hauptader von Corte. In den Cafés halten Einheimische ihr Schwätzchen, Bäckereien bieten Leckereien aus Kastanienmehl an. Über der Place Paoli thront die Bronzestatue des Nationalhelden Pasquale Paoli.

OBERSTADT

Malerisch ist die Altstadt mit den hohen, bröckelnden Hausfassaden. Die Kapelle Ste-Croix an der Rue Colonel Feracci ist Ausgangspunkt der vorösterlichen Prozession. Ganz oben hockt die Zitadelle, Gassen mit Kopfsteinpflaster führen hinauf. An der Place Gaffori – die Einschusslöcher im Haus an der Ecke stammen aus dem Freiheitskrieg – lohnen ein Blick in die Kirche L'Annonciation und von dort der Aufstieg zum Belvedere.

MUSEU DI A CORSICA

Wie tickt Korsika? Was macht Korsika einzigartig – und anders? Antworten darauf liefert das korsische National-museum auf zwei Etagen – interaktiv und mit wenigen, ausgewählten Ex-ponaten, die Schlaglichter auf Ereig-nisse, Themen und Entwicklungen in Geschichte, Wirtschaft, Kultur und All-tag werfen. Spannend sind die Son-derschauen im dritten Stock. Wie Kor-sika klingt, verrät die Phonothek – setz den Kopfhörer auf und lass dich über-raschen! Andrea Bruno hat den Muse-umsbau von 1997 in die Mauer der Zitadelle integriert. Die Eintrittskarte gilt auch für deren Besichtigung. Nachts wird der Südteil der Zitadelle illuminiert! Für die Dauerausstellun-gen gibt es einen Audioguide (1,50 Euro) auch auf Deutsch. *April–21. Juni u. 21. Sept.–Okt. Di–So 10–18, 22. Juni–20. Sept. tgl. 10–20, Nov.–März Di–Sa 10–17 Uhr | Eintritt 5,50 Euro | Zitadelle | musee-corse.com*

Altstadtgasse in Corte

ESSEN & TRINKEN

LE CAFÉ DU COURS

Das „CDC" ist seit mehr als 100 Jahren Kult: vom Frühstück um sieben bis zu Sushi, Cocktails und Party bis nachts um zwei. Ganzjährig Gast-DJs und Livemusik. *22, Cours Paoli | Tel. 04 95 46 00 33 | cafeducours.free.fr | €*

U MUSEU

Korsische Küche an der Wehrmauer der Zitadelle – draußen im schattigen Garten oder drinnen mit viel Holz und Naturstein. *April–Juni Mo geschl., Juli–Sept. tgl. | 1, Rampe Ribanelle | Tel. 04 95 61 08 36 | restaurant-umuseu. com | €*

LA RIVIÈRE DES VINS

500 g Bio-T-Bone-Steaks aus der Nor-mandie, Filet Mignon, Charolais-Rind und dicke Burger: Hier wird alles über offenem Feuer gegrillt und zum Des-sert gibt es typisch korsischen *fiadone*.

So abends geschl. | 5, Rampe Ste-Croix | Tel. 0495 46 37 04 | Facebook: short.travel/ksk18 | €€

SHOPPEN

A CASA CURTINESE

Charcuterie aus der Castagniccia hängt von der Decke, Gläser mit korsische Terrinen, Konfitüren, Likörflaschen füllen die Regale: Der Feinkostladen von Jean-Marie Ghionga ist reinste Verführung – und der älteste Europas! 9, Rue du Vieux-Marché

COUTEAUX CORSES

Bellini, Padovani, Gualandi: Berühmte Namen, die für handwerkliche, korsische Messerkunst stehen. Hier gibt es die Klingen mit Echtheitszertifikat. 3, Rue de l'Ancien College | couteaux-corses.fr

POTERIE LÉONELLI

Gemeinsam mit seiner Frau fertigt Jean-Marc Léonelli Keramiken mit erstaunlichen Glasuren. 4, Rue Chiostra

RUND UM CORTE

8 ARCU DI U SCANDULAGHJU

5 km von Corte / 3 Std. (zu Fuß)

Der eindrucksvolle Felsbogen trägt mehrere Namen, als L'Arche de Padule wird er bezeichnet und ist auch als L'Arche de Corte bekannt. Er gehört wegen der Traumblicke auf die Bergwelt ringsum zu den beliebtesten Wanderzielen im Tavignano-Tal. Der Aufstieg ist sehr steil: Bei der Tour hinauf auf 1452 m überwindest du 1010 Höhenmeter. Los geht's am Parkplatz in der Rue St-Joseph am Eingang des Tavignano-Tals. Folge dort der orangefarbenen Markierung. Die genauen GPS-Daten und die Wegbeschreibung findest du zum Download auf corse-randos.com. 🔲 E9

9 GORGES DE LA RESTONICA

9 km langes Tal ab Corte / 2 km per Auto, danach per Bus oder zu Fuß

Graue Felswände, glasklare Bergseen und alte korsische Schwarzkiefern: Bei Corte beginnt eine der schönsten Schluchten Korsikas. Durch ein enger werdendes Tal geht es bergauf. Jäh aufragende Felsnadeln, der tief unten rauschende Fluss sind ein überwältigender Anblick. Das eiskalte Badewasser der Gumpen lässt selbst im Sommer deinen Körper prickeln. Die Straße endet oberhalb der Waldgrenze hinter der Bergerie de Grotelle (1370 m) vor einem herrlichen Gebirgspanorama. Wanderland! Im Hochtal führen Wanderwege u. a. zu den Bergseen Lac de Melo und Lac de Capitello oder in rund acht Stunden zum Monte Rotondo (2622 m), Korsikas zweithöchsten Gipfel.

Von Juli bis September wird es voll im Tal. Von Mitte Juli bis Mitte August verkehrt ein Busshuttle vier Mal täglich und bringt Ausflügler vom Info-Punkt Chjarasgiolu aus hoch bis zu den Bergeries de Grotelle (hin: 7.30, 8, 10, 17.30 Uhr | zurück 13.30, 14.30, 16, 17.30 Uhr). Privatfahrzeuge dürfen auf der D 623 nur bis zum (gebührenpflichtigen) Parkplatz Lamaghjosu fahren. Auto nicht am Straßenrand abstellen, Wildparker werden rigoros abgeschleppt! Der Parkplatz Grotelle ist geschlossen. *E9*

🔟 CASCADES DES ANGLAIS ★

32 km von Corte / 45 Min. (Auto)

Der schönste der vielen Wanderwege am Col de Vizzavona (1161 m, 35 km südlich von Corte) beginnt im Weiler La Foce nördlich des Passes. Er führt (5 km, etwa 1¹/₂ Std. hin und zurück) zu den beeindruckenden Wasserfällen, wo der Gebirgsbach Agnone tosend über viele steile Stufen springt. Wer mag, kann diese Tour mit einem weiteren Highlight verbinden, einer ☂Fahrt mit der Schmalspurbahn *Micheline (train-corse.com)*, die auf ihrer Strecke von Corte an die Westküste durch die Bergwelt zuckelt, ein Halt ist Vizzavona. *E10*

1️⃣1️⃣ MONTE D'ORO

10 km von Corte / zu Fuß

Herausforderung für echte Bergsteiger: Der Aufstieg vom Col de Vizzavona zum Gipfel des Monte d'Oro (2389 m) ist schweißtreibend und schwierig. Rund acht Stunden musst du für die 1200 Höhenmeter vorbei an den Cascades des Anglais und dem Lac d'Oro rechnen. Achtung: Auf den Abschnitten, die nicht zum GR 20 gehören, ist die gelbe Markierung mangelhaft. *E10*

1️⃣2️⃣ LE BOZIU

18 km von Corte / 30 Min. (Auto)

Unternimm von Corte aus eine Rundfahrt durch diese östlich gelegene raue Bergregion: Schmale Sträßchen schrauben sich hinauf zu Dörfern, die auf Anhöhen thronen: So wie *Alando,* dessen Handvoll Häuser sich auf einem Kamm entlang der D 39 reihen. Hier stand einst die Wohnburg des Sambucuccio, der im 14. Jh. eine Form des gemeinschaftlichen Landbesitzes durchsetzte, was dem gesamten Norden der Insel den Namen „Terra di u Cumunu" eintrug.

Die D 39 führt 3 km gen Norden weiter nach *Bustanico*. 60 Korsen leben hier heute, kaum mehr waren es vor 300 Jahren und doch ging von diesem kleinen Dorf 1729 der Unabhängigkeitskrieg aus. Warum? Cardone Defranchi konnte Genua seine Steuern nicht zahlen – und sollte daher enteignet werden. Die Dörfler unterstützten den Bauern, vertrieben die Herrscher – und lösten eine Rebellion aus, die die gesamte Insel erfasste.

In Bustanico führen die D 441 und D 41 nach *Sermano*, wo die Paghjella noch lebendig ist – wenn möglich besuch ein Konzert der „Chanteurs de Sermano". Karten und Termine beim *Office de Tourisme (in der Zitadelle | Tel. 04 95 46 26 70 | corte-tourisme.com)* in Corte. Chorgründer Patrick Fiori hat sogar mit Star Patrick Bruel eine CD korsischer Lieder aufgenommen.

INSIDER-TIPP
Stimmtalenten lauschen

An der Straße, unweit vom Ort, liegt vor einem eindrucksvollen Bergpanorama die Kapelle *San Nicolao* aus dem 7. Jh. mit gut erhaltenen Fresken aus dem 15. Jh.

Die Rückfahrt nach Corte führt dann von der Gabelung kurz vor Sermano

Badepause auf dem Weg zu den Cascades des Anglais

über Tralonca zur N 193 und auf dieser in südlicher Richtung die letzten 7,5 km wieder zurück in die Stadt. ⌖ E–F9

TARAVO

⌖ *D13–E11* **Das Taravo-Tal ist eines der schönsten Täler Korsikas, grün und wasserreich, mit unzähligen Wandermöglichkeiten beiderseits des Flusses.**

Im oberen Teil des Taravo-Tals gibt es nur eine einzige Tankstelle: in *Bains de Guitera* (⌖ *E12*), einem winzigen Ort mit Apotheke und Café-Bar. Im 6 km entfernten *Guitera-les-Bains* (nicht verwechseln) flussabwärts sprudelt eine Schwefelquelle 43°C

warm in gefasste Becken. Die alten Thermenanlagen und Hotels, zu deren Füßen der Taravo plätschert, sollen in den nächsten Jahren revitalisiert werden – als Angebot für all jene, die auf den Weitwanderwegen GR 20, Mare a Mare Centre und Mare a Mare Sud unterwegs sind.

Einkaufen und Vorräte auffüllen kannst du bei Hélène Favre in *Zicavo* (⌖ *E12*), die im Leccia-Viertel einen kleinen, gut sortierten Eckaden betreibt.

ZIELE IM TARAVO-TAL

🔢 POZZI DU RENOSU ⭐

Auf den moorigen Wiesen fängt der Sonnentau Mücken und überall gluckert es: Die *pozzi* sind eine blau-grü-ne Wasserlandschaft im Herzen grau-

Unterwegs auf dem GR 20 zu den Bergeries de Basseta

milie eine Ferme-Auberge samt Gite betreibt, und wandert! Wer nicht dem Weitwanderweg Mare a Mare Centre folgt, läuft auf einem Rundweg (2,5 Std., orange-gelbe Markierung) hinauf zum einstigen *Château des Bozzi* mit grandiosem Rundblick über das Hochtal – oder hinab zu den Thermalanlagen, die die Gemeinde modernisieren und besser nutzen will. 42 °C warm sprudelt das schwefel- und alkalihaltige Wasser in die historischen steinernen Becken. ⌑ *E12*

15 HOCHPLATEAU VON COSCIONE ⭐

Hier oben heißt es einfach die herrliche Landschaft genießen mit Feuchtwiesen, windzerzausten Buchen, aufgetürmten Granitblöcken und fantastischer Rundumsicht. Das Hochplateau ist von Zicavo auf der D 69 südwärts zu erreichen. Nach ca. 9 km geht es links auf der holprigen D 428 bis zur Kapelle San Petru. Von dort aus wanderst du am besten auf der kurz vorher links abzweigenden Forstpiste bis aufs Hochplateau. ⌑ *E12–13*

16 MONTE INCUDINE

Aussichtsberg des Tals ist der 2134 m hohe Monte Incudine. Wie auf der Fahrt zum Hochplateau von Coscione fährst du auf der D 428 durch den lichten Buchenwald des Bosco di u Coscione und bis zu den *Bergeries de Basseta (short.travel/ksk19)*, wo du dich auch dich stärken (und übernachten) kannst. Sie liegt direkt am Fernwanderweg GR 20. Folge seiner rotweißen Markierung gen Osten. Über das Bett des Tignoso führt der Pfad hi-

er Bergriesen. Geschaffen wurden die Feuchtwiesen von Gletschern, die verlandeten – und schmale Wasserläufe und Seen zurückließen. In den *Bergeries de Pozzi* verkauft der Hirte Jean-François Käse und Joghurt aus der Milch seiner Tiere. 3 Stunden Aufstieg und 2,5 Stunden Abstieg vom Col de Verde. ⌑ *E11*

INSIDER-TIPP
Leckeres direkt vom Alm-Öhi

14 GUITERA-LES-BAINS

Das Hochtal des Taravo ist noch ein echter Geheimtipp, und Guitera der beste Ausgangspunkt für Erkundungen. Quartiert euch bei *Paul-Antoine (Tel. 04 95 24 44 40 | chezpaul-antoine.com)*, der mit seiner Fa-

nauf zum 1805 m hohen *Col de Luana*, gut zwei Stunden sind es von hier am Grat entlang bis zum Gipfel des Monte Incudine. Und oben? Wartet ein grandioses Panorama über den Monte Renoso und das Bavella-Massiv!

Für die Gipfeltour brauchst du einen ganzen Tag, unterwegs muss etwas gekraxelt werden – Felsblöcke und Platten versperren hin und wieder den Weg, hast du sie überwunden, geht es nur leicht ansteigend weiter. *E12*

ESSEN & TRINKEN

FERME-AUBERGE U TARAVU

Vom Hof auf den Tisch: Was Nadia Andreucci kocht, stammt aus eigener Herstellung. 100 Prozent korsisch ist auch die Auswahl der Gerichte – von der *charcuterie corse* bis zum Kastanienkuchen. Als Aperitif wird Myrtenlikör gereicht. *D 83 | Tel. 04 95 24 46 06, 06 30 93 82 80 | auberge-u-taravu. com | €€ | D12*

SHOPPEN

Köstliches Naschwerk aus Kastanien zaubert *Véronique Léoni (casadiacasta gna.fr)* in Zevaco: Confits, Konfitüren und glasierte Maronen. Alle Adressen der lokalen Produzenten und weitere Ideen für kulinarische Mitbringsel findest du beim Produzentenverband *GIE du Taravu (gietaravu.com),* der sie auch online vertreibt.

SPORT

Wer auf dem Taravo paddeln möchte, muss sein eigenes Kajak mitbringen –

oder an der Küste leihen. Einsteigen kann man überall am gesamten Fluss. Ein Freak, der den Fluss sehr gut kennt, ist Mathieu, er beantwortet auch Anfragen: *ilua.free.fr, mél.farwell2@ gmail.com*

SCHÖNER SCHLAFEN IM BERGLAND IM INNEREN

COCOONING MIT KICK

Bei der WM 1958 kickte Dominique Colonna für Frankreich – daher tragen die Zimmer seines schicken, nach ihm benannten Romantikhotels an der Restonica auch Namen von Fußballstars. Offenbar können die viel essen: Das Frühstücksbuffet ist üppig! *Ende März–Okt. | 28 Zi. | Vallée de la Restonica | Tel. 04 95 45 25 65 | domi nique-colonna.com | €€€ | E 9*

BEIM LUXUSBAUERN

Bed & Breakfast beim Biobauern: Was rustikal klingt, überrascht mit Luxus. Aus vier Bungalows und fünf Doppelzimmern mit edlem Holz, stylischen Möbeln und viel Komfort blicken Gäste des *Kyrnflor* auf ein weites Tal mit hohen Bergen. Viel größer als erwartet ist auch der Poolbereich mit großem Becken, komfortablen Liegen und Wasserspielzeug fürs Plantschen. Das B&B: dufte wie die Düfte. *April–Mitte Sept. | 3 km südlich von Corte an der N 193 in U San Gavinu | Tel. 04 95 61 02 88 | kyrnflor-chambres dhotes.com | €€ | E9*

DER OSTEN

TRAUMSTRÄNDE IN XXL

Startend südlich von Bastia bis nach Solenzara heißt es: Sonne tanken vor grandioser Bergkulisse. Entlang der Ebene im Osten Korsikas ziehen sich über mehr als 100 km Länge breite, goldgelbe Strände hin. Tausende verbringen hier ihren Urlaub auf Campingplätzen, in Bungalowdörfern und Ferienanlagen. Abseits der Strände kannst du inmitten von Obstplantagen, Maisfeldern und Rebgärten an Lagunenseen Zugvögel beobachten und top-frische Austern genießen. Schon vor 2000 Jahren war die Ebene

Im Bergdorf Morosaglia

ein wunderschöner Platz zum Leben, verraten dir in Aléria römische Ausgrabungen. Unmittelbar hinter der weiten Ebene steigen jäh die Berge auf. Dort verstecken sich uralte Kulturlandschaften mit riesigen Kastanienhainen und Dörfer mit tausendjähriger Geschichte. Die Ferienorte sind ursprünglich Ableger der Dörfer im Oberland. Viel korsisches Flair ist hier nicht zu erwarten. Aber: beste Infrastruktur für sorgenfreie Urlaubstage in Korsikas Strandparadies.

DER OSTEN

Vescovato **1**
Ponte-Novo
Loreto-di-Casinca **2**
Ponte Leccia
Porri
Asco
Popolasca
Morosaglia **11**
Quercitello
Scata
T20
Aiti
10 Monte San Petrone ★
Soveria
Érone
9 Piedicroce
8 Carcheto
Corscia
Castagniccia
S. 98
Felce
Casamaccioli
Sermano
Corte
7
Col d' Arcarotta
Alzi
Pianello
Couvent d'Alesani **6**
Casanova
T50
Erbajolo
Moïta
Altiani
Pietraserena
Tox
Pancheraccia
Noceta
Guagno
Vivario
Antisanti
T50
Pastricciola
Rezza
Vizzavona
Ghisoni
Défilé de l'Inzecca ★
Busso
Lugo-di-Nazza
T20
Fiumorbo
Ucciani
Ajola **12**
Ghisonaccia
S. 103
Prunelli-di-Fiumorbo
Bastelica
Ania
Tolla
Plage de Quercioni
Scrivano
Ventiseri
Tasso
13 Klettersteig U Calanconi
Travo
Cozzano
T10
Campo
Zicavo
Scaffa Rossa
Corrano
Solenzara
S. 106
Grosseto
Badebecken ★ **14**
Sari-Solenzara
15 Bachwandern
Argiusta
Cannella

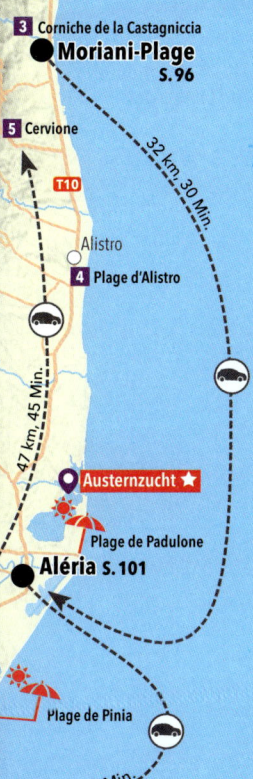

Casinca S. 96
○ Folelli

3 Corniche de la Castagniccia
● **Moriani-Plage**
 S. 96

5 Cervione

T10

Alistro ○
4 Plage d'Alistro

32 km, 30 Min.

47 km, 45 Min.

📍 **Austernzucht** ★

🏖 Plage de Padulone

● **Aléria** S. 101

🏖 Plage de Pinia

34 km, 45 Min.

Mer Tyrrhénienne

MARCO POLO HIGHLIGHTS

★ **AUSTERNZUCHT**
Dank der Lagune Étang de Diane ist in der Region Meeresküche vom Feinsten zu genießen, mit Zutaten nicht nur aus der Muschelzucht ➤ S. 102

★ **MONTE SAN PETRONE**
Korsika von oben betrachten
➤ S. 100

★ **DÉFILÉ DE L'INZECCA**
Bizarre Felsschlucht in wilder Bergeinsamkeit ➤ S. 104

★ **BADEBECKEN**
Einfach reinhüpfen: Naturpools im Fluss Solenzara ➤ S. 107

---

10 km
6.21 mi

CASINCA

G7 **Zwischen den Flüssen Golo und Fium'Altu liegt das Hügelland Casinca, eines der bevölkerungsreichsten Gebiete Korsikas. Hohe Berge, lange Strände und das quirlige Bastia sind nicht weit entfernt.**
Wasserreichtum und fruchtbare Böden lassen Getreide, Tabak, Wein und Zitrusfrüchte im Tal gedeihen, Oliven- und Kastanienbäume werden seit eh und je auf terrassierten Hängen kultiviert. Und auf den Bergkämmen liegen die „Balkone": aussichtsreiche Dörfer, verbunden durch Panoramastraßen.

ZIELE IN DER CASINCA

1 VESCOVATO

Schon auf der kurzen Fahrt von der Küste über die D 237 bekommst du einen Einblick in die schöne Kulturlandschaft. Vescovato (2550 Ew.) ist der Hauptort der Casinca, ein traditionelles nordkorsisches Festungsdorf mit engen Treppengassen um den Dorfplatz mit Adlerbrunnen, der auch mal als Schulhof genutzt wird. Die Kirche St-Martin birgt ein weißes Marmortabernakel aus Genua (1441).
Venzolasca (3 km entfernt) liegt wunderhübsch als langer Streifen hoher Häuser mit Schieferdächern auf einem Bergsporn über der Ebene. *G7*

2 LORETO-DI-CASINCA

Korsisches Dorfleben wie einst: Im 200-Ew.-Dorf am Hang des Monte Sant'Angelu (1218 m) scheint die Zeit stehen geblieben zu sein. Am platanenbestandenen Dorfplatz hocken schwarz gekleidete Männer beim Kaffee, im Waschhaus wird die Wäsche im Quellwasser gewaschen, durch Treppengassen streunen Katzen. Umwerfend schön: der Blick über die Ebene von Biguglia bis zum Meer. *G7*

ESSEN & TRINKEN

ALTA VISTA
Samstags kannst du von 19 bis 22 Uhr im Alta Vista deftige korsische Küche genießen, im Sommer auch im Freien. *Loreto-di-Casinca | Tel. 06 18 99 34 46 | short.travel/ksk12 | € | G7*

U RATAGHJU
Holztische, Feldsteinmauern und Bauernerbstücke als Deko: In der gemütlichen Ferme-Auberge kommt authentische korsische Küche auf den Tisch – als opulentes Menü zum Einheitspreis von 30 Euro. Vorher anmelden: geöffnet wird nach Bedarf! *Loreto-di-Casinca | Tel. 04 95 36 30 66 | € | G7*

INSIDER-TIPP
Leckere Sattmacher

MORIANI-PLAGE

G8 **Moriani-Plage (1800 Ew.) ist der Hauptort der Costa Verde – und liegt als einer der wenigen Orte der Ostküste direkt am Meer.**
Sein langer, sehr feiner Sandstrand fällt so sanft ins Meer, dass Familien

hier gerne Urlaub machen. Die Einheimischen nennen den einstigen Hafen von San Nicolao auch San Nicolao-Plage oder Padulella. Der Wanderweg Mare a Mare Nord verbindet Moriani-Plage mit Cargèse an der Westküste.

LE MOULIN DE PRUNETE

Joseph Rioli stellt mit seinem Sohn Thierry in der Mühle hochwertige prämierte Öle (um 17 Euro für 0,75 l) aus eigener Olivenernte her. *Mai–Sept. Mo–Sa 9–12 u. 15–19 Uhr | an der N 198 in Prunete, 10 km südlich*

POTERIE DU PRATU

Lampenschirme, Duftgefäße, Schalen, Schmuck, Becher und Türschilder: Es gibt fast nichts, was Aline Prat und Thiébault Sisson nicht in Steingut fertigen – tolle Souvenirs! *Prato | Tel. 04 95 38 48 22 | poteriedupratu.com*

RUND UM MORIANI-PLAGE

▣ CORNICHE DE LA CASTAGNICCIA

23 km Rundtour von Moriani-Plage auf der D 330, zurück auf der D 71 und T 10 / 1 Std. (Auto)

Fantastische Aussichten! Die Höhenstraße eröffnet immer neue Ausblicke über die Ebene und das Meer. Sie führt über San Nicolao in die Berge, über die Balkonstraße D 330 nach Cervione und wieder hinunter an die Küs-

Der Weiler Loreto-di-Casinca erhebt sich aus den Kastanienwäldern der Castagniccia

Verwilderte Hausschweine wühlen sich durch die Kastanienhaine

te. Oder du schwenkst in Cervione für die „Grand Tour" auf die D 71 und fährst weiter bis nach Ponte Leccia (75 km / 2,5 Std.) mit Rückweg über die N 193/N 198 (45 km / 45 Min.). Nähere Beschreibung in Erlebnistour 3 (S.133). ▱ G8–9

4 PLAGE D'ALISTRO

14 km von Moriani-Plage / 15 Min. (Auto)
Am Turm von Alistro beginnt die Paraderoute der Spülsaumjogger und Badenixen – am schönsten in Richtung Norden. ▱ G9

CASTAGNICCIA

▱ F–G 7–9 **Als lichter Wald überziehen verwilderte Kastanienbäume** die Hänge der Castagniccia. Das kulturelle Kernland der Korsen gehört heute größtenteils zum Parc Naturel Regional de Corse und ist mit Sträßchen und Wanderwegen durchzogen wie kein anderes Gebiet. Auch die Weitwanderstrecke Mare a Mare führt mitten hindurch Richtung Corte.

Die Genuesen ließen die heimischen Eichen u. a. durch Kastanien ersetzen, damit sie die Korsen ernährten, die wegen der hohen Abgaben an Hunger litten. Durch die Entvölkerung der Gegend im 20 Jh. wurden die Haine nicht mehr gepflegt, doch inzwischen besinnt man sich wieder auf das traditionelle Nahrungsmittel. Bis zu 20 verschiedene mit Kastanienmehl bereitete Speisen gehören noch heute zu einem ordentlichen Hochzeitsmahl in der Castagniccia. Kastanien bilden auch die Mast der halbwilden Schweine – und verleihen der *charcuterie corse* ihr typisches Aroma. Die Kastanie ist heute wieder Kult. Und so werden auch die alten Kastanienhaine zunehmend rekultiviert. Sie sorgen im Mai für Frühlingszauber: Wie sprühende Wunderkerzen leuchten weißgelb dann die Blütenstände.

ZIELE IN DER CASTAGNICCIA

5 CERVIONE

Ein Westfale als König von Korsika? Im Kloster von Valle d'Alesani hatte sich Baron Theodor von Neuhoff am 15. April 1736 zum König krönen lassen. Als Hauptstadt wählte Theodor I. den Hauptort der Castagniccia, Cervione (1700 Ew.), wo er im einstigen Bischofspalast residierte, in der Residenz *Loghja Re Theodor* am Platz vor der Kirche. Bereits im November 1736 musste der politische Abenteurer fliehen ... Rund 150 Jahre zuvor hatte Bischof Sauli aus eigenen Mitteln Korsikas älteste Barockkirche errichten lassen, *St-Erasme* (1589). Im ehemaligen Priesterseminar dokumentiert das *Musée ethnographique (15. Juni–15. Sept. Mo–Sa 9–12 u. 14–19, sonst Mo–Sa 10–12 u. 14.30–18 Uhr | Eintritt 3 Euro | im Sträßchen rechts der Kathedrale, Place Jean Simonetti | adecec.net/musee.php)* die turbulente Geschichte des Städtchens.

Königlich speisen lässt es sich im *Aux 3 Fourchettes (tgl. | Tel. 04 95 38 14 86 | aux3fourchettes.com | €)* am Kirchplatz mit einigen Plätzen auch im Freien: Von diversen *brocciu*-Gerichten bis Wildschwein gibt es eine leckere Auswahl korsischer Spezialitäten.

6 COUVENT D'ALESANI

Ein Abstecher ca. 16 km landeinwärts führt von Cervione (D 217) nach Valle d'Alesani zum ehemaligen Franziskanerkloster *(Juli/Aug. Di., Fr, Sa 14–18 Uhr)* mit der prächtig renovierten Klosterkirche. Das Kloster war das Zentrum des korsischen Widerstands im 18. Jh. ❥ Schön sind die Jazz- und anderen Konzerte *(corsevent.com),* die mehrmals im Jahr stattfinden, oft kann man gratis lauschen.

7 COL D'ARCAROTTA

Honig und Würste, aber auch Kunst und Handwerk von einheimischen Produzenten ist beim *Bauernmarkt (short.travel/ksk13)* (D 71) auf dem Col d'Arcarotta zu finden, immer sonntags von 10 bis 14 Uhr im Juli und im August. Die *Auberge des Deux Vallées (Dez.–März u. Mi geschl. | am Col d'Arcarotta D 71, dann D 17 | Piobetta | Tel. 04 95 35 91 20 | €–€€)* serviert *charcuterie,* Cannelloni, *fiadone,* alles ist hausgemacht, preiswert und gut. Mit Terrasse. 𝄢 G8

> INSIDER-TIPP
> **100-prozentig lokal**

8 CARCHETO

In Carcheto mit seinen heute um die 30 Ew. wurde 1876 der berüchtigte Bandit François-Marie Castelli geboren. 1929 streckte ihn eine Kugel in den Rücken nieder. Friedlicher: die naive Malerei in der *Pfarrkirche,* mit der ein korsischer Künstler um 1790 Kreuzweg und Grablegung Jesu farbenfroh festhielt. In der Umgebung wird der seltene Stein Vert d'Orezza abgebaut. Der grüne Halbedelstein ist begehrt – und ziert auch die Fürstenkapelle von Florenz. *F8*

9 PIEDICROCE

Auf einem Bergsporn im Kastanienwald liegt das einzige Dorf weit und breit, das ein Hotel besitzt. Vom Ort ist es nicht sehr weit (ca. 1,2 km) zu den Ruinen des *Couvent d'Orezza*, das im 18. Jh. Wiege politischer Erneuerung war. Die D 506/D 46 führt hinunter zu der Mineralwasserquelle *Eaux d'Orezza (orezza.fr),* die mit natürlichem Kohlensäuregehalt aus 6000 m Tiefe heraufsprudelt; erst seit dem Jahr 2000 wird das Wasser in Flaschen gefüllt. Das Dörfchen *Campana* (D 71) besticht durch hübsche Treppengassen. Die Orte der Gegend sind auch durch Fußwege miteinander verbunden. *F8*

10 MONTE SAN PETRONE ★

Kein Aussichtsberg lässt sich so leicht besteigen wie der höchste Gipfel der Castagniccia. Vom Col de Prato (985) geht es zunächst auf einer gemütlich ansteigenden Forststraße, dann durch schattige Buchen- und Kiefernwälder viele Höhenmeter hinauf. Aber der Anstieg ist einfach und nach drei Stunden stehst du auf dem 1767 m hohen Gipfel: Weitblick über fast die gesamte Insel! *F8*

11 MOROSAGLIA

Hausbesuch beim Freiheitskämpfer! Am 5. April 1725 wurde Pasquale Paoli in Morosaglia (1150 Ew.) geboren, und bis heute ist der „Vater der Nation" hier allgegenwärtig. Sein Geburtshaus stellt als *Musée Pasquale Paoli* (April–Sept. Mi–Mo 9–12 u. 13–18,

Okt.–März Mi–Mo 9–12 u. 13–17 Uhr | *Hameau de Stretta, östl. Ortseingang | Eintritt 2 Euro)* sein Leben vor, in der romanischen Kirche *Santa Reparata* wurde er getauft. In einer kleinen Kapelle neben dem Museum wird die 1889 heimgeholte Asche Paolis aufbewahrt.

Lust auf Süßes? Wenige Schritte vom Museum entfernt gibt es bei der *Biscuiterie Agostini (Lieu-dit Fontana | Facebook: Biscuiterie Agostini)* traditionelles korsisches Gebäck – perfekt gegen den kleinen Hunger bei Wanderungen, etwa auf den Monte Petrone (13 km) oder ab Campile (14 km) um den Monte Castellare (5,8 km, 2,5 Std.). *F8*

INSIDER-TIPP Die besten canistrelli

SHOPPEN

ATELIER DE DA NOISETTE

In ihrer „Nusswerkstatt" verarbeiten Charles Sforzini und seine Nichte Laurine Serra Haselnüsse aus Cervione zu feinem Nussöl, Nusssalz, Nusscreme und süßen Köstlichkeiten wie Pralinen oder Kleingebäck. *März–Dez. | an der RN 198 | San Giuliano, ca. 12 km südlich von Cervione | G9*

CASTAGNA DI VALLERUSTIE

16 km südlich von Morosaglia über die D 639 gibt es Naturbelassenes von Apfel bis Wild zu kaufen: Obst, Gemüse, Marmeladen, aber auch Geflügel und Schwein. Geöffnet wird nach telefonischer Vereinbarung. Onlineshopping möglich. *Rue Baraques de Rio (Richtung Coïbiti) | San Lorenzo | Tel. 04 95 47 15 45 | corse-bio.fr | F8*

U CASONE

Wer noch etwas weiter (ca. 5,5 km auf der D 39) bis Loriani zur *U Casone (Loriani | San Lorenzo | Tel. 04 95 47 62 37)* fährt, kann bei Stéphane Guerrini, einem der wenigen verbliebenen Kastanienmehlproduzenten der Insel kaufen. Frisch und aufwendig verarbeitete Kastanien werden bei ihm von November bis März direkt an den Mann gebracht. Wie vielseitig die Kastanie verarbeitet werden kann, verrät er auch bei Besuchen auf seinem Hof, wo du in seiner Ferme-Auberge *(Hameau de Loriani | Cambia | Tel. 06 11 09 93 | €–€€)* Kastanienküche genießen und direkt auf der Plantage übernachten kannst. | ⌖ *F8*

ALÉRIA

⌖ *G10* **Seit der Jungsteinzeit hat das Dorf (2300 Ew.) am Zusammenfluss von Tagnone und Tavignano viel erlebt. Im 6. Jh. v. Chr. errichteten phokäische Griechen hier den großen Handelsstützpunkt Alalia.**

Im 3. Jh. eroberten Römer die Stadt und begannen die Unterwerfung der gesamten Insel. Ein Unterfangen, das fast hundert Jahre dauerte und die Hälfte der Bevölkerung das Leben kostete. 259 n. Chr. wurde Alalia Hauptstadt der römischen Provinz Corsica. Die Römer gingen, Aléria verfiel. Heute ist es ein archäologisches Ausflugsziel, die meisten Geschäfte, Restaurants und das Office de Tourisme findest du jedoch in Cateraggio am Nordufer des Tavignano.

Übergroß: der allgegenwärtige Freiheitskämpfer Paoli

SIGHTSEEING

ANTIKE RUINENSTADT

Südwestlich von Aléria haben Ausgrabungen das antike Alalia freigelegt. Thermen und Tempel, Forum, Häuser und Geschäfte zeigen, wie reich und mächtig Aléria einst war. Bis heute werden immer wieder spannende Fundstücke freigelegt. Hinein kommt man nur vom Jérôme-Carcopino-Museum aus.

JÉRÔME-CARCOPINO-MUSEUM

Grabbeigaben, Schwerter und Marmorköpfe illustrieren die Zeitreise von der Jungsteinzeit bis zur römischen Antike im genuesischen *Fort de Matra*. Zu den schönsten Zeugnissen gehört ein „Krater": So nannten die Griechen um 425 v. Chr. die Krüge, in denen sie Wasser und Wein mischten. *16. Mai–Sept. Mo–Sa 9–12 u. 13–18, Okt.–15. Mai Mo–Sa 8–12 u. 13–17 Uhr | Eintritt 2 Euro*

ESSEN & TRINKEN

AUSTERN

Schon die Römer genossen die frischen Austern, die in der 600 ha großen Lagune *Étang de Diane* gezüchtet werden. Für den Transport nach Rom wurde damals die Meeresfrucht aus den Schalen herausgelöst und so versandt. Die Muschelhüllen landeten zurück im See – und bildeten im Lauf der Zeit kleine Inseln wie die *Île des Pêcheurs*. Heute liegt die ⭐ Austernzucht in den Händen von drei Genossenschaften und wenigen privaten Erzeugern.

Bei *Aux Coquillages de Diana (Mai–Sept. tgl. 12–14.30, 19.30–22 Uhr, Okt.–April nur mittags | 2 km nördl. von Aléria | unbedingt reservieren! Tel. 04 95 57 04 55 | restaurant-coquilla gesdediana-aleria.com | €€)* werden Muscheln aus der Lagune, Seewolf, Gambas und Pulpo aus dem Mittelmeer topfrisch serviert, du sitzt im Holzpavillon über dem Étang.

1990 hat Bernard Pantalacci *(Nustrale di Diana | April-Mitte Okt. Mo–Sa 10–15 Uhr | RN 198 | Aléria | Tel. 04 95 57 02 53 | short.travel/ksk8)* seine Arbeit bei der Tageszeitung „Le Provençal" an den Nagel gehängt und

Die Austernzucht hat eine lange Tradition

ist Austernzüchter geworden. Von April bis Mitte Oktober gibt es bei ihm das Seafood mit nussigem Geschmack quasi direkt aus der Lagune zu kosten – oder wahlweise gut gekühlt für ein Picknick oder das Ferienzuhause zu kaufen.

L' ECURIE

Jeanne-Marie und Christophe Lavergne-Vincentelli haben ihren Hof auf der Domaine de Padulone auf nachhaltige Landwirtschaft umgestellt und den Pferdestall in eine rustikale wie auch schicke Ferme-Auberge verwandelt: Backsteinwände, Holztische, Lederstühle und feinstes Kristall. Da zischt auch schon das Padulone Craft Beer ins Glas, duftet es nach feinstem Kotelett vom korsischen Nustrale-Schwein. *Bon appétit! Mo geschl. | an der RN 200 von Aléria Richtung Meer | Tel. 04 95 57 94 26 | €€*

LA TOUR

Nachmittags Eis und Kuchen, abends Pizza, für die Nacht vier Ferienwohnungen *(€–€€)*: der Urlaubsservice eines deutsch-französischen Paares, das auch an Kinderspielplatz und Sonnenterrasse gedacht hat. *Juni–Sept. tgl., Mai u. Okt. Do–Di | 12 km nördl. an der Straße zum Meer in Bravone, 300 m vom Strand | Tel. 04 95 38 81 54 | latourbravone.com | €*

STRÄNDE

Hausstrand von Aléria ist die *Plage de Padulone,* ein breites Sandband an der Tavignano-Mündung mit Bar und Restaurant.

GHISONAC-CIA

G11 **Der kleine, nicht direkt am Meer liegende Ort bietet in erster Linie Infrastruktur.**

Und zwar für die dazugehörenden Feriendörfer und Campingplätze an den endlosen Sandstränden entlang der Ostküste. Es gibt Supermärkte, Bankautomaten, Bäckereien und verschiedene Läden, die *produits corses* anbieten. Das eigene Fahrzeug kann man stehen lassen: Zwischen den einzelnen Feriendörfern und dem Strand *Plage de Vignale* pendelt in der Saison ein kostenloser Shuttlebus *(ghisonaccia.fr)* – täglich von 10 bis 17.30 Uhr, bei Nachtmärkten und Festen auch länger.

ESSEN & TRINKEN

LES BOUCHONS

Klein und nur über enge Sträßchen zu erreichen ist das Restaurant von Yves, der noch selbst hinausfährt aufs Meer und die großen Fische fängt, die abends auf dem Grill seines Strandrestaurants landen. *Tgl. | Route de Pietrapola | Isolaccio-di-Fiumorbu | Tel. 06 38 71 10 72 | lesbouchons.net | €€–€€€*

LE CINTRA

Seit Jahren beständig gut und bei Einheimischen beliebt, im Sommer abends regelmäßig Livemusik. Auf der Karte: Salate, Nudelgerichte, Fleischklassiker und frischer Fisch.

Avenue du 9 Septembre | Tel. 04 95 56 13 44 | Facebook: Le Cintra | €

LES DEUX MATS

Weiß eingedeckte Tische, kreative Küche in guten Portionen, der weite Strand, das blaue Meer: In der näheren Umgebung von Ghisonaccia kannst du nur hier direkt am Meer schick speisen! *Route de la Mer | Tel. 04 95 35 65 09 | Facebook: rib.alta2 | €€*

SHOPPEN

Jeden Freitagabend im Juli und August werden die Straßen zu Fußgängerzonen, spielen Musikgruppen und öffnen die Läden bis Mitternacht: Beim *shopping de nuit* wird's voll!

AUSGEHEN & FEIERN

A VOLTA

Korsische Inselweine glasweise und zu den Essenszeiten *(12–14.30 u. 19–23 Uhr | €)* auch kleine Gerichte und Tapas. Sympathische Weinbar im Herzen des Ortes. Mittwochs ist von 18 bis 20 Uhr Happy Hour. *Mo–Sa 7–2 Uhr | 748, Avenue du 9 Septembre | Facebook: baravin.avolta*

LE PASQUALE PAOLI

Craft Beer aus Korsika? In diesem Restaurant wird ganzjährig Bier der Brauerei A Tribbiera ausgeschenkt: Apa (hell mit Honigaroma), Mora (dunkel), Prima (fruchtig) und Ambria (Dreikorn). Noch besser schmeckt es zur Livemusik am Freitag. *Di–Sa 10–2, So 17–2 Uhr | Casamozza | südlich an der N 198*

STRÄNDE

Ab Ghisonaccia bringt dich die Route de la Mer zu den Stränden. Besonders schön: die *Plage de Pinia (▢ G11)*, 3,5 km Sandstrand am größten Küstenkiefernwald Korsikas, rund 7 km östlich. Die *Plage de Quercioni* ist ein endlos langer Familienstrand, perfekt für Kinder. Er liegt ca. 6 km südlich von Ghisonaccia (über die Pont de l'Abbatescu nach Mignataja, von dort Richtung Meer abbiegen).

RUND UM GHISO- NACCIA

12 FIUMORBO

25 km von Ghisonaccia bis Ghisoni / 50 Min. (Auto)

Auf dem Weg zum Hauptort der Fiumorbo-Region, nach *Ghisoni (▢ E10)*, schlängelt sich die D 344 durch zwei der engsten und wildesten Schluchten Korsikas: die *Défilé de Strette* und die ★ *Défilé de l'Inzecca*. Insbesondere Letztere beeindruckt durch teilweise überhängende, über 100 m hohe Felswände, die der Fium'Orbu über Jahrmillionen ins Serpentingestein gegraben hat. Eingekesselt von hohen Bergen ist auch das Dörfchen Ghisoni selbst, wo im 14. Jh. Anhänger der Giovannali-Sekte grausam den Tod fanden: Die Kurie hatte den gesamten Wald in Flammen setzen und die „Ketzer" verbrennen lassen. Bei ihrer Bestattung hallten die Berge die Kyrie wider – und tragen seitdem die Namen Christe-Eleïson und Kyrie-Eleïson. Die Wege dort hinauf sind zumeist dem wilden Wuchs der Macchia zum Opfer gefallen.

Wer wandern will, fährt am besten noch bis zum Fuß des Monte Renosu (⬜ E11) weiter: 6 km südlich von Ghisoni zweigt die D 169 von der D 69 ab und führt durch einen schönen alten Wald hinauf zur Schäferei von Capannelle (1640 m, 30 Min. von Ghisoni). Hier beginnt ein mit Steinmännchen gekennzeichneter Weg, auf dem Geübte in einer halben Stunde die Quelle des Pizzolo erreichen. In weiteren 30 Minuten gelangt man an den leuchtend blauen Lac de Bastani (2092 m). Mit dem Gipfel des Renosu (2352 m) vor Augen dauert es noch eine Stunde bis zum eisernen Gipfelkreuz: Monte d'Oro, Monte Incudine und Monte Cinto sind zum Greifen nah! Im Winter lockt das kleine Skigebiet an den Bergeries de Capanelle.

Für modische Miniportionen hat der Patron der Ferme-Auberge de l'Inzecca (17 km von Ghisonaccia an der D 344 | Tel. 04 95 56 62 62 | €€ | ⬜ F10–11) nur ein Achselzucken übrig: Bei ihm gibt es beste korsische Landküche in großzügigen Portionen. Auf der Rückfahrt kannst du noch die hübschen Dörfer des Fium'Orbu besichtigen, so auch den Hauptort Prunelli-di-Fium'Orbu (3500 Ew. | ⬜ F11) mit einer romanischen Kirche aus dem 7. Jh. Dazu unterhalb des Stausees rechterhand auf die D 44 abbiegen, eine schöne „Balkonstraße" mit Aussichtspunkten.

Ghisonaccias Strände bieten auch Platz für Orcas auf Landurlaub

Pool der natürlichen Art: Der Solenzara hat überall wunderbare Badebecken geschaffen

🔢 KLETTERSTEIG U CALANCONI

30 km von Ghisonaccia über Travo nach Chisa / 44 Min. (Auto, D 645)
Via ferrata nennt sich dieser Kraxelspaß auf Französisch. An Seilen gesichert, über Leitern, „Affenbrücken", Stiegen und Kabelrutschen geht es vier Stunden durch die Bergwelt. *Mai–Sept. 9–18 Uhr, letzter Start 14.30 Uhr | Klettersteig 20 Euro (Erw.), Jugendliche 12–18 Jahre 8 Euro, jeweils plus 10 Euro für Material | viaferratachisa.fr | 📖 F12*

SOLENZARA

📖 *G13* **Am südlichen Ende der** *Plaine Orientale***, der östlichen Tiefebene Korsikas, liegt dieser Badeort (1400 Ew.).**
Er hat ein besonders herrliches Hinterland (s. Erlebnistour 2, S. 130), schon

nach einer halben Stunde Fahrt ist man mitten in der Bergwelt. Der Bootshafen und die schönen Strände in der Umgebung machen Solenzara zu einem beliebten Ferienort. Zwar hat er selbst recht wenig Flair, bietet aber praktische Einkaufsmöglichkeiten, Banken und diverse Sporteinrichtungen. Sein Manko: die Tiefflieger vom nahegelegenen Militärhafen, die entlang der Küste trainieren.

ESSEN & TRINKEN

A MANDRIA DE SÉBASTIEN

Sébastien de Rocca-Serra hat eine alte Schäferei in ein gemütliches Terrassenrestaurant verwandelt, wo rustikale Gerichte der regionalen Küche auf den Tisch kommen. Im Hochsommer reservieren und Zeit mitbringen! *An der N 198 in Richtung Norden, ca. 1 km vom Zentrum links hinter der Brücke | Tel. 04 95 57 41 95 | €€*

A PINZUTELLA

Auf einem Bauernhof gelegen, bietet das Restaurant Fleischgerichte von Kalb, Rind und Zicklein aus eigener Zucht. Authentische Hausmannskost und von der Terrasse einen unverstellten Blick auf das Bavella-Massiv. Reservierung empfohlen. Auch drei Ferienvillen (53–71 m² groß, 330–930 Euro/Woche je nach Saison). *Mitte April–Sept., Mo geschl. | 5 km von Solenzara über die Route de Bavella, abseits der Straße | Tel. 04 95 57 41 18 | auberge-apinzutella.com | €€*

SPORT & SPASS

AQUA & NATURA

Weck den Tarzan in dir bei Aqua & Natura, die am nördlichen Ortsausgang von Solenzara einen Kletter- und Adventure-Park angelegt haben. Dort kannst du nicht nur auf sechs Parcours durch einen Eukalyptuswald kraxeln, sondern auch Paintball spielen. *Kamiesch | Erw. ab 17 Euro | Tel. 06 29 19 19 04 | corse-canyoning-parc com*

SUBAQUATIQUE CLUB PLONGÉE

Tauchklub am Hafen, der im Juli und August täglich hinausfährt, sonst nur am Wochenende. Das nötige Rüstzeug vermitteln Kurzkurse. *Tel. 04 95 57 44 19 | sccn-solenzara.org*

STRÄNDE

Nördlich von Solenzara liegt der lange Strand von 🐦 *Scaffa Rossa*, der sandige Hausstrand von Solaro. Gen Süden erschließt die N 198 die breiten Sandbuchten *(anse)* von 🐦 *Cannella* (6 km), *Favone* (8 km) und *Tarcu* (12 km). Alle ausgestattet mit Strandbar oder Restaurant.

RUND UM SOLENZARA

14 BADEBECKEN ⭐ 🚩

8 km von Solenzara / 15 Min. (Auto)

Die beiden Küsten Plaine Orientale und die sich südlich anschließende felsige Côte des Nacres trennt der Solenzara-Fluss, der talauf ein Outdoor-Paradies ist: mit Wildwasser zum Paddeln und vielen Badegumpen, gefüllt mit eiskaltem, klaren Bergwasser. An der Brücke nördlich von Solenzara ins Landesinnere abbiegen und du erreichst nach 7 km den öffentlichen Parkplatz beim Campingplatz U Rosumarinu. Unterhalb hat der Fluss ein tiefes Badebecken ausgewaschen. Zum kleinen Sandstrand auf der gegenüberliegenden Seite kommst du problemlos über große Steine im Fluss. 📖 *F13*

15 BACHWANDERN 👥

18 km von Solenzara / 30 Min. (Auto)

Der Polischellu-Bach hat auf seinem Weg ins Tal etliche Naturpools geschaffen, die du flussaufwärts in Badekleidung und -schuhen durchwandern und durchschwimmen kannst. Los geht es an der Brücke an der D 268 zwischen Solenzara und Col de Bavella ca. 3,5 km hinter dem Col de Larone von Solenzara aus. 📖 *F13*

DER SÜDEN

FELSEN, SONNE, MEER!

Pssst, behalte die schönen Flecken, die du hier findest, lieber für dich! Hier kannst du dich wie ein Entdecker fühlen, in versteckten Badebuchten chillen, durch zackig zerklüftete Berge wandern, urkorsische Städte und Dörfer erleben – und bist, mit Ausnahme von Hochburgen wie Propriano, Porto-Vecchio und Bonifacio, ganz weit weg vom Massentourismus.

Der Süden der Insel ist fest in der Hand von Individualreisenden. Viele kommen Jahr um Jahr wieder, um die Vielfalt der kleinen

Santa Giulia Plage bei Porto-Vecchio

Buchten und immer neue Gegenden des Binnenlands zu erkunden. Sie reisen mit dem eigenen Boot oder Auto oder mieten gleich am Flughafen einen fahrbaren Untersatz, denn sonst ist die Fortbewegung in dieser Region schwierig.

Wer zu Fuß unterwegs sein möchte: Der Weitwanderweg Mare a Mare Sud verläuft in fünf Tagesetappen von Porto-Vecchio durch die Alta Rocca nach Propriano.

DER SÜDEN

Bicchisano

T40

Acqua Doria

Tassinca

Stiliccione

Casalabriva

10 Filitosa ★

Baie de Cupabia

Serra-di-Ferro

Olmeto

Porto Pollo

Cappiciolo

8 Baracci Natura

9 Bains de Baracci

Golf von Valinco **11**

● **Propriano S. 115**

Campomoro

Bilia

Sartène ★

S. 117 ●

Grossa

T40

Tizzano

Mer

53 km, 1 Std. 10 Min.

Plage de Roccapina

Méditerranée

53 km, 1 Std. 20 Min.

14 Capu di Roccapina ★

MARCO POLO HIGHLIGHTS

★ **COL DE BAVELLA**
Wandern und Wow-Blicke in der tollen Bergwelt ➤ S. 112

★ **BONIFACIO**
Bummeln durch die Gässchen der Oberstadt auf hohen Klippen ➤ S. 121

★ **FILITOSA**
Die größte Steinzeitsiedlung der Insel ➤ S. 116

★ **SARTÈNE**
Steil am Hang gestaffelt liegt die urtümlichste Stadt Korsikas ➤ S. 117

★ **CAPU DI ROCCAPINA**
Die idyllische Badebucht unterm Kap wird von einem steinernen Löwen bewacht ➤ S. 125

1 Col de Bavella ★

7 Aullène

4 Quenza

Prugna

Zérubia

Sorbollano

3 Zonza

Paccionitoli

Conca

Zoza

Levie **6**

5 Ste-Lucie-de-Tallano

Carabona

Sainte-Lucie de Porto-Vecchio

Alta Rocca S. 112

Pinarellu

Carbini

Lecci

Orone

Budriesa

2 L'Ospedale

Araggio

Foce

Palavesa

T10

Cala Rossa

Muratello

Porto-Vecchio
S. 118

Arca

Plage de Palombaggia

Bocca del l'Oro

72 km, 1 ½ Std.

Sotta

Plage de Santa Giulia

Zuccaledda

Pianottoli-Caldarello

Suartone

Figari

Baie de Rondinara

75 km, 1 Std. 40 Min.

T10

T40

Plage de Stagnolu

12 Ermitage de
la Trinité

Bonifacio ★
S. 121

*Bouches de
Bonifacio*

5 km
3.11 mi

Lavezzi-Inseln **13**

ALTA ROCCA

🗺 *D–F 13–15* **Die Alta Rocca ist die Heimat der korsischen Seele: Hier wurden die ältesten menschlichen Spuren auf der Insel gefunden – geheimnisvolle Menhire und imposante Zyklopenmauern.**

Namensgeber war nicht die Geografie im südlichen Bergland, sondern die Adelsfamilie Della Rocca, die jahrhundertelang von Olmeta aus herrschte. Am besten entdeckst du die schroffen Felsen und dichten Wälder im Schatten des Monte Incudine beim Wandern. Warum nicht einmal begleitet von einem Esel? *Paule Schlemaire (alta roccanes.com)* verleiht Grautiere, führt euch auf kürzeren oder mehrtägigen Touren durch ihre bergige Heimat. Die wenigen hindurchführenden Straßen sind steil, kurvig und wegen der frei herumstreunenden Tiere vorsichtig zu befahren. Achtung: Die einzige Tankstelle liegt in Levie.

ZIELE IN DER ALTA ROCCA

1 COL DE BAVELLA ⭐

Von Solenzara startend bringt dich die D 268 in vielen Kehren zu Korsikas schönstem Pass! Klar, dass bei diesem Blick aufs Meer und die Bilderbuchberge ringsum im Sommer reichlich Rummel herrscht. Doch sobald du vom Parkplatz an der Passhöhe (1218 m) loswanderst, umgibt dich eine einsame, grandiose Bergwelt, die auch der GR 20 erschließt. Wandere durch Lariciokiefernwald in zwei Stunden hin- und zurück zum *Trou de la Bombe* (1307 m), einem kreisrunden Loch im Kalkgestein. Zur schönen *Punta Velacu* südlich des Passes führen vier markierte, nicht so schwierige Wege (1,5 Std.). 🗺 *E13*

2 L'OSPEDALE

In 800 m Höhe thront das Bergnest über der Küste bei Porto-Vecchio (D 368). Hier locken Paradeblicke und schöne Wanderungen im gleichnamigen Wald, z. B. die 1,5-Std.-Tour an den Wasserfall *Cascade de Piscia di Gallo*. 60 m stürzt sich dort der Osa als „Hahnenpiss" in die Tiefe. Los geht's am Stausee-Parkplatz. 🗺 *E14*

3 ZONZA

Ringsum: riesige Kiefern-, Kastanien- und Steineichenwälder. Darüber: die Spitzen der Bavella *(Aiguilles de Bavella)* – der Blick vom Dorfplatz aus ist atemberaubend. Zonza (2500 Ew.) wird immer beliebter, denn hier kreuzen sich alle Wanderstrecken. Dementsprechend ist die Café- und Restaurantauswahl relativ groß – besonders entlang der D 368. Dort kannst du im *L'Incudine (Tel. 04 95 78 67 71 | hotel-incudine.com | €€–€€€)* dem Koch am Grill zusehen, einige Schritte weiter im *L'Authentique (Tel. 06 20 56 44 60 | €)* an der Freiluftbar ordentliche Burger zum Bier futtern oder bei *Le Randonneur (Tel. 04 95 78 69 97 | restaurant-zonza.com | €–€€)* auf der großen Terrasse Lamm vom Grill, Pizza und leckere Salate genießen. Kleine Krapfen mit *brocciu*, Wildschwein mit Feigen und Kalb mit Orangenaromen: Bei *L'Aiglon (auch 11 Zi. (€–€€) | Tel. 04 95 78 67 79 | hotel-zonza.com | €)* kannst

… und hier sieht sich ein waghalsiger Wanderer das „Bombenloch" aus der Nähe an

du dir kreative korsische Gerichte schmecken lassen. ▥ E13

4 QUENZA

Das graufarbene Granitdorf mit den gemütlichen Cafés entlang der Hauptstraße ist das Wanderzentrum der Alta Rocca. Wandern, reiten und langlaufen kann du am besten auf der *Hochebene von Coscione*. Tolle Badegumpen liegen am Criviscia in Richtung Zonza. **Die Bildhauer der Region zeigen bei der** *Biennale* **Anfang Juli grandiose Kunstwerke aus Granit.** ▥ E13

INSIDER-TIPP
In Stein gemeißelt

5 STE-LUCIE-DE-TALLANO

Das Dorf im Rizzanese-Tal verströmt Mittelalter-Atmosphäre: Hoch wie Türme sind die Häuser, wehrhaft und abweisend drängen sie sich um den zentralen Platz mit 🐦 Trinkwasserbrunnen. „Torre" werden sie auch genannt und erinnern an Blutrache und Belagerung. In einer restaurierten *Ölmühle (April–Okt.)* werden feinste AOC-Olivenöle verkauft. ▥ D14

6 LEVIE

Die „Dame von Bonifacio" macht das kleine Bergdorf (750 Ew.) zum Mekka der Vorzeit-Fans. Das rund 8600 Jahre alte Skelett der ältesten Inselbewohnerin ist das Highlight des 🚩 *Musée de l'Alta Rocca (Juni–Sept. tgl. 10–18, Okt.–Mai Di–So 10–18 Uhr | Quartier Pratu, an der Straße nach Carbini | Eintritt 4 Euro)*. Gefunden wurde es in der Höhle Araguina-Sennola bei Bonifacio. Ein paar Kilometer nördlich liegen die wuchtigen Steinzeitfestungen der Torreaner, ⚑ *Cucuruzzu* und *Capula (Juni–Sept. 9.30–18, April, Mai, Okt. 9–17 Uhr | Kassenschluss jew. 2 Std. vorher | Eintritt 5,50 Euro inkl. Audioguide, auch auf Deutsch).* Auf einem markierten Rundweg unter Schwarzkiefern, Steineichen und knorrigen Kastanien kannst du sie erkunden. 🛏 *E14*

🔳 AULLÈNE

Steinernes Dorf mit altehrwürdigen Häusern, einer Kirche aus dem 17. Jh. und einem einmaligen Bergpanorama. Am schönsten: nach einer Wanderung durch die bewaldeten Höhen eine Pause auf der Terrasse des *Hôtel de la Poste.* Im Dorf kreuzen sich zwei Hauptwege des Viehtriebs. Folge ihnen zu zwei schönen Aussichtspunkten: gen Norden auf der D 69 zum *Col de la Vaccia* (1199 m), gen Westen

führt die D 420 zum *Col de Saint-Eustache* (968 m). Aullène ist in gut einer Stunde über die D 69 in Propriano startend zu erreichen. 🛏 *E13*

SPORT & SPASS

A MONTAGNOLA

Du wanderst lieber in der Gruppe als allein? Dann schließ dich geführten Bavella-Wanderungen an! *An der D 240 | Quenza | Tel. 04 95 78 65 19 | a-montagnola.com |* 🛏 *E13*

CORSE ODYSSÉE

Organisierte Wanderungen und Canyoningtouren (auch für Nicht-Übernachtungsgäste): charmante Wanderherberge (6 Zi.), mit Rundumservice mitten in Quenza. *Tel. 04 95 78 64 05 | gite-corse-odyssee.com |* 🛏 *E13*

Von Propriano aus den Golf von Valinco und die Berge im Hinterland entdecken

PROPRIANO

📖 *C–D14* **Am Golfe de Valinco, der südlichsten Bucht entlang der Westküste, haben Taravo, Baracci und Rizzanese feinsandige, lange Strände geschaffen. Sie und die große Marina machen das tief im Golf liegende Propriano zum boomenden Badeort.**

Das Zentrum des 3800-Ew.-Städtchen bilden eigentlich nur die Flaniermeile zwischen Marina und Mole, die parallel gelegene Restaurantzone und die dahinter liegende Geschäftsstraße Avenue Napoléon, die Feinkostgeschäfte, Souvenirshops, Boutiquen und Cafés säumen. Zig Neubaugebiete umgeben den alten Kern, aus dem stolz der Turm der Église Notre-Dame-de-la-Miséricorde aufragt.

LE CABANON

In der Brasserie am Hafen serviert Marc Chaudey grundsolide korsische Küche. Probier mal  **Wildschweinbraten mit AOC-Tropfen wie** *Clos Ornasca* **oder einem** *Patrimonio-Muskat von Gentile.* *Ostern Sept.* | *26, Avenue Napoléon III* | *Tel. 04 95 76 07 76* | *€€*

INSIDER-TIPP
Regional lecker

TEMPI FA

Im urigen Delikatessengeschäft versteckt sich ein hübsch auf altmodisch gestyltes Bistrot mit feiner Kost und Weinen. *7, Avenue Napoléon III* | *Tel. 04 95 76 06 52* | *tempi-fa.com* | *€€*

TERRA COTTA

Thomas Duval mariniert Thunfisch am liebsten mit Cap-Corse-Likör: Freu dich auf kreative Meeresküche direkt am Kai! *31, Avenue Napoléon III* | *Tel. 04 95 74 23 80* | *short.travel/ksk9* | *€€–€€€*

STRÄNDE

Die Strände beginnen gen Süden gleich hinter dem Leuchtturm von Scoglio Longo mit der *Plage du Lido*. Ab dem Capu Laurosu schließen sich bis nach Portigliolo 4 km feinstes Strandvergnügen an mit der *Plage de Capu Laurosu* und der *Plage de Portigliolo* nördlich und südlich der Mündung des Rizzanese. Klein und fein dagegen liegt der *Strand von Belvédère-Campomoro* direkt am gleichnamigen Ort. Gen Norden (9 km von Propriano) am goldgelben Granitsandstrand *Capicciolo* blüht noch blau die seltene Anchusa crispa (frz. *buglosse crépue*). In Richtung der Punta de Porto-Pollo (ca. 25 km entfernt) liegen die besonders schönen Strände der Bucht ✳ *Baie de Cupabia*.

RUND UM PROPRIANO

🔳 BARACCI NATURA

5 km von Propriano / 7 Min. (Auto via D 257)

Adrenalinkicks beim Canyoning im Baracci-Bach, Klettergarten, Via Ferrata, Tyrolienne – der Outdoor-Park hält auch Angebote für Kinder bereit. *Rou-*

Blumentöpfe in jedem Winkel: lauschige Gasse in der Altstadt von Sartène

te de Baracci (D 257), kurz vor der Thermalanlage | nur nach Anmeldung | Tel. 06 20 95 45 34 | 1,5–2 Std. ab 35 Euro | baraccinatura.fr | ▥ D 14

⑨ BAINS DE BARACCI

6 km von Propriano / 8 Min. (Auto, via D 257)
Okay, die salz- und schwefelhaltigen Thermalquellen müffeln. Doch das auf 38°C abgekühlte Wasser sorgt für echte Entspannung: reinlegen, weitgucken und wohlfühlen – drinnen oder im Panorama-Pool! *Winter Di–So 10–18, Sommer Mo 13–19.30, Di–So 10–19.30 Uhr | Eintritt ab 7 Euro | Route de Baracci | bainsdebaracci.com | ▥ D 14*

⑩ FILITOSA ⭐

20 km von Propriano / 30 Min. (Auto)
Eindringlich blickt dich das Gesicht an. Es verzieht keine Miene, ist kaum zu erkennen. Eine Maske aus Stein, mehr als 4000 Jahre alt, begrüßt dich im Mi-

nidorf im unteren Taravo-Tal – Korsikas Hauptstadt der Prähistorie. Nur auf dem Cauria-Plateau gibt es ähnlich bedeutende Zeugnisse der Megalithkultur. Filitosa jedoch erzählt von einem Kultur-Clash: Megalithiker unterliegen eindringenden Torreanern. Sie hinterließen Gräber aus Großsteinen, Felshöhlen und Zyklopenmauern in einem weiten Tal mit uralten Olivenbäumen. Ein ca. einstündiger Rundweg führt hindurch. Anfahrt über die D 57 (Filitosa ist auch Teil der Erlebnistour 2, S. 130). *April–Okt. tgl. 9 Uhr bis Sonnenuntergang | Eintritt Fundstätte und Museum 9 Euro inkl. Audioguide (auch auf Deutsch) | filitosa.fr | ▥ C 13*

⑪ GOLF VON VALINCO

Propriano bis zur Punta di Porto-Pollo 24 km / 35 Min., bis Belvédère-Campomporo 16 km / 30 Min. (Auto)
Dank kurviger Verbindungsstraßen liegt der Golf von Valinco etwas abseits

der Hauptreiseströme und ist im Sommer trotz der Fährverbindung nach Marseille (von La Méridionale) nicht überlaufen. Seine Ufer nähern sich bei den Landspitzen *Punta de Campomoro* und *Punta de Porto-Pollo* auf nur sieben Kilometer an, traumhafte, feinsandige Strände säumen die Küste.

Unter Wasser sausen pfeilschnell Barrakudas, Brassen, Gabeldorsche und Meerraben zwischen schwarzen und roten Korallen umher. An Land kannst du auf alten Zöllnerwegen die Küste entdecken. Steig am Strand von *Belvédère-Campomoro (▨ C14)* zum größten *Tour Gênois (Mitte Juni–Mitte Sept. tgl. 10–19 Uhr | Eintritt 3,50 Euro, unter 12 Jahre frei)* Korsikas hinauf. Nach kurzem Aufstieg auf einem Naturpfad liegt dir der gesamte Golf von Valinco zu Füßen! Im Turm berichtet eine Ausstellung von schrecklichen Piraten- und Sarazenenüberfällen. Wieder am Boden umrundest du die Landspitze gen Süden und begegnest bizarren Skulpturen, die die salzige Gischt geformt hat! Zurück bringen dich drei Rundwege, 1,5, 3 und 7 Stunden lang. ▨ B14

INSIDER-TIPP
Wow, dieser Blick!

SARTÈNE

▨ D14–15 ⭐ **Stadt der Blutrache: Früher herrschte Angst und Schrecken in Sartènes Granithäusern, die sich an einen Steilhang über dem fruchtbaren Tal des Rizzanèse schmiegen.**

Über Jahrhunderte hinweg waren die Familien Paoli und Durazzo mit den Carabelli, Bernadini und Bartoli verfeindet. Bei Schießereien verschanzte sich die Bevölkerung in ihren fünf- bis sechsstöckigen Häusern, die Beteiligten rannten in den Gassen der Altstadt um ihr Leben. Weltberühmt als Anführerin der Fehden wurde eine 64-jährige Frau: Colomba Bartoli. Der Dichter Prosper Mérimée machte sie unsterblich – als Novelle, Oper und Film. Und Sartène als „korsischste aller korsischen Städte" (Mérimée) weltberühmt.

INSIDER-TIPP
Nacherleben!

Ehemals war Sartène zweigeteilt in Santa Anna, die Liguriern vorbehaltene Altstadt, und Borgo, die Neustadt, in der sich von 1583 an Korsen ansiedeln durften. Heutiges Bindeglied mit Bars und Geschäften im Schatten von Platanen ist die alte Place Porta, die Frankreich flugs in Place de la Libération umbenannt hat. Pasquale Paolis Büste steht hier, die Kirche Ste-Marie läutet zum Kirchgang, im einstigen Gouverneurspalast residiert die Stadtverwaltung.

SIGHTSEEING

ALTSTADTGASSEN
Neben dem Rathaus führt ein Torbogen hinein ins Mittelalter. Gäbe es nicht den Blumenschmuck und kleine Lädchen mit lokalen Produkten, Schmuck und Souvenirs: Wie grimmig, finster und furchterregend wäre es! Das Grauen der Vendetta, hautnah zu spüren!

MUSÉE DÉPARTEMENTAL DE PRÉ-HISTOIRE CORSE ET D'ARCHÉO-LOGIE

Fundstücke zur Menschheitsgeschichte von der Vorzeit bis zum Erbe der Römer vereint der Flachbau oberhalb der Stadt: Sammlung und Aussicht sind einmalig! Ausgestellt sind Waffen, Schmuck, Vasen, steinernes Werkzeug, Menhire und Mosaiken, die der Archäologe Roger Grosjean und sein Team in Filitosa, Cauria und andernorts ausgegraben haben. *Juni–Sept. tgl. 10–18, Okt.–Mai Mo–Fr 10–17 Uhr | Eintritt 4 Euro | Boulevard Jacques Nicolai*

STE-MARIE

Alljährlich am Karfreitag schleppt ein unbekannter Büßer ein 31,5-kg-Kreuz und eine 14 kg schwere Kette bei der *U Catenacciu-Prozession* (s. S. 139) durch die Altstadt und vollzieht so den Opfergang Jesu nach. Seinen Kopf versteckt er unter einer roten Kappe, Kreuz und Kette warten links vom Hauptportal hier in der Kirche auf ihn.

ESSEN & TRINKEN

A CANTINETTA

Die rustikale Kellerbar schenkt die Weine des Sartenais, Myrten- und Orangenliköre aus, dazu werden *plats de charcuterie* und *fromage* serviert – Wurst- und Käseteller. *März–Okt. | 29, Rue Borgo | Tel. 04 95 77 08 75 | €*

PERO LONGO

Dieses Logo steht für süffige, biodynamisch hergestellte Weine, die du im Restaurant genießen kannst. Das Weingut bietet auch fünf Zimmer und zwei Ferienhäuser, Camping möglich. *Navara | Route de Bonifacio, ca. 5 km südlich | Tel. 04 95 77 07 11 | pero longo.com | €–€€*

BERGERIE D'ACCIOLA

Auch wenn er etwas stinkt: Der Käse Casgiu Casanu, den man hier als Beilage genießen kann, ist köstlich. Alternativ bestellst du auf der überdachten Terrasse der ehemaligen Schäferei mit Meerblick eine Käseterrine mit Kräutern oder herzhafte Pfannkuchen aus Kastanienmehl. Im kleinen Laden gibt es die Spezialitäten auch zum Mitnehmen! *Juni–Sept. tgl. 12–15, 19–21.30 Uhr | an der Route Sartène–Bonifacio, ca. 9 km südlich | Tel. 04 95 77 14 00 | la-bergerie-acciola.fr | €–€€*

PORTO-VECCHIO

F15 Geschützt von Korsikas größtem Korkeichenwald, den Kaps Punta San Ciprianu und Pointe de la Chiappa sowie seinem genuesischen Festungsgürtel liegt Porto-Vecchio am gleichnamigen Golf. Zur Hochsaison wandelt sich die drittgrößte Stadt Korsikas (11 000 Ew.) zur Flaniermeile für Urlauber, allerdings auch zum relativ teuren Pflaster.

SIGHTSEEING

ALTSTADT

Fünf Bastionen und Tore schützen die Oberstadt. Der schönste Aussichtspunkt liegt an der Porte Génoise: vom Stadttor blickt man über den Hafen, auf die Stadt und ihre Küste. Von oben ist auch noch die letzte Saline der Insel sehen, in der noch Salz gewonnen wird. Im Sommer ist die alte Oberstadt autofrei. Dann pulsiert in ihren kleinen Gassen mit Lokalen und Lädchen bis tief in die Nacht südliche *joie de vivre*. Das lebendige Herz bildet die *Place de la République* mit der *Église St-Jean-Baptiste*, die von 1868 stammt.

HAFENVIERTEL

Fähren aus Sardinien, Marseille und Nizza laufen in der Saison den Fährhafen an; Freizeitskipper den großen Yachthafen – das sorgt für Trubel an der Wasserkante. Zahlreiche Restaurants laden ein, das bunte Treiben beim Essen und Trinken zu betrachten.

ESSEN & TRINKEN

A CANTINA DI L'ORRIU

Würste und Schinken baumeln von der Decke, die Regale sind mit Konfitüren und Honig gefüllt, und aus den Flaschen fließt lokaler Wein: Die Cantina ist eine stimmungsvolle Weinbar samt Spezialitätenshop. Die wenigen Plätze im Bistrot, an Tischen und am Tresen sind schnell belegt. *April–Dez. | 5, Cours Napoléon | Tel. 04 95 25 95 89 | Facebook: lorriuportovecchio | €€–€€€*

LE TAMARICCIU

Das Wasser ist glasklar, der Granitsand goldgelb bis rosa und die Terrasse direkt am Strand: Was für eine Szenerie – und dazu exquisite Küche! *15. April– Mai und Sept.–15. Okt. nur mittags, Juni–Aug. mittags und abends | Plage*

Im Mittelpunkt: Um die Eglise St-Jean-Baptiste liegt die belebte Altstadt

de Palombaggia, 10 km südöstlich | Tel. 04 95 70 49 89 | tamaricciu.com | €€€

SHOPPEN

DOMAINE DE TANELLA

Für die edlen Rotwein-Cuvées lohnt sich ein Abstecher Richtung Figari auf der D 859. Nicht weniger lecker sind die Rosé- und Weißweine, die ausschließlich aus typisch korsischen Trauben vinifiziert werden. *Kellereigeschäft am Ortseingang | Tel. 04 95 70 46 23 | domaine-tanella.com |* 📖 *E16*

AUSGEHEN & FEIERN

LA TAVERNE DU ROI

Korsische Klänge fürs Herz, schwärmen Gäste und Einheimische. *Im Sommer tgl. ab 22.30 Uhr, sonst nur am Wochenende | 43, Rue Borgo | Porte Génoise | short.travel/ksk10*

VIA NOTTE

DJs und Livebands bringen den größten Open-Air-Club der Insel zum Beben, ab 23 Uhr bis in den Morgen. *Juni–Sept. | Route de Porra | Richtung Punta di a Chiappa | vianotte.com*

Baie de Bonifacio

Rue des Moul

📍 Cimetière Marin

📍 Bosco

RUND UM PORTO-VECCHIO

STRÄNDE

Der Golf ist vor allem für idyllische Buchten mit Traumstränden bekannt. Von Pinarellu (17 km nördlich) bis zur Punta di Rondinara (20 km südlich) erstrecken sich feinsandige Strände vor Schirmpinienhainen, tiefe Buchten und Dünenstrände mit Seen. Kleine, vorgelagerte Inseln sind beliebte Ausflugsziele. Das angesagteste Restaurant ist *Le Rouf (Mai–Anfang Sept. | Tel. 04 95 71 50 48 | lerouf.com | €€€)* am *Strand von Pinarellu,* abends mit Livemusik in der Bar. Im zugehörigen Bistrot *(tgl. nur mittags | €€)* nebenan lässt sich die gehobene Küche etwas günstiger und mit ebenso tollem Blick auf die Bucht genießen. Lässig in die Topstrände Europas einreihen können sich die 🏖 🏴 *Plage de Palombaggia* (10 km südöstlich) und die 🏖 *Plage de Santa Giulia* (8 km südlich), – Traumstrände mit feinstem Sand, roten Felsen und sanften Fluten. In allen Blautönen

BONIFACIO

Quai Banda del Ferro
Quai Sott à Portigliola

La Caravelle

Le B'52

Avenue Charles de Gaulle

Porte de l'Europ

Ceccaldi

Ciccio

Bastion de L'Étendard

La Boutique du Corailleur

Stella d'Oro (Chez Jules)

Escalier du Roi d'Aragon

Bouches de Bonifacio

200 m
219 yd

---

schimmert das glasklare Badewasser: Karibikflair! Eine fast kreisrunde Liegewiese für Sonnenanbeter ist der abgelegene Strand an der ⚓ *Baie de Rondinara*. In der Saison sehr voll, frühmorgens noch perfekt. ⌖ *F16–G14*

TORREANER-BAUTEN

Das verschwundene Volk der Torreaner gibt den Forschern bis heute Rätsel auf. Spuren von ihnen findest du an der D 859 bei *Tappa,* wo noch Reste ihrer Wohnstätten zu sehen sind, und bei *Ceccia*, ihrer Kultstätte (beide ca. 5 km von Porto-Vecchio | ⌖ *F15*). 6 km nördlich liegt nahe der N 198 eine weitere Kultstätte, *Torre* (⌖ *F14*). Über die D 759/D 359 ist nach 7 km das *Castellu d'Arraghju* (⌖ *F14*) zu erreichen. Die alte Bronzezeitfestung gehört zu den besterhaltenen Bauten.

BONIFACIO

⌖ *E16–17* **60 m hohe Felswände und eine schmale Einfahrt schützen den Hafen von ★ Bonifacio (3000 Ew.).**

Hinter dem Kai ragen die Mauern der Festung empor. Sie schützten die alte Stadt zur Landseite hin. Richtung Meer ist sie so nahe an den Rand der ausgewaschenen Klippen gebaut, dass es stellenweise so wirkt, als könnte der nächste Sturm Felsen und Häuser in die Tiefe schleudern.

INSIDER-TIPP
Morgenrunde

Wandere am frühen Morgen, wenn die ersten Sonnenstrahlen die Klippen erobern, an der Küstenlinie entlang und bewundere die grandiosen Ansichten, ehe du die Altstadt entdeckst!

In der Nähe zu parken ist aussichtslos. Die Kurzzeitparkplätze P1 und P2 am Hafen sind teuer, die Parkhäuser P3 bis P5 der Oberstadt schnell überfüllt. Jeden Sommer gleicht die Zufahrt einem Endlosstau. Parke daher besser gleich auf den Großparkplätzen „Valli" am Ortseingang oder „Monte Leone" auf der Route de Sant'Amanza. Zu Fuß bist du von dort schneller am Hafen als die Fahrzeuge. Bummle am Kai vorbei an den Fischern, auf der breiten Treppenstraße Montée Rastello hinauf zum Col St-Roch und weiter bis zur *Porte de Gênes*. Das massive Genuesertor war bis ins 19. Jh. der einzige Zugang zur Oberstadt. In der Saison drängen sich die Massen durch die engen Gassen. Was wie Stützstreben für die Häuser aussieht, sind Wasserleitungen. Ab dem 14. Jh. floss durch sie der Regen in die zentrale Zisterne unter der Église Ste-Marie-Majeure. Vor der Kirche treffen sich die Einheimischen unter der Loggia. Früher wurde hier Gericht gehalten, heute wird in den Lokalen ringsum getafelt. Auf den Tisch kommt eine lokale Spezialität: *aubergines farcies à la bonifacienne*, Auberginen mit Hackfüllung.

INSIDER-TIPP
Gemüsestar

SIGHTSEEING

BASTION DE L'ÉTENDARD
Neben der Porte de Gênes blättert die mit 25 m höchste Festung Frankreichs die Stadtgeschichte auf. Vom Dach hast du unvergleichliche Blicke auf die Klippen! *April–Okt. tgl. 9–18, Juli, Aug. bis 20 Uhr | Eintritt 2,50 Euro*

Von der Festung stürzen sich im Juni die weltbesten Klippenspringer ins tiefblaue Mittelmeer. Die Steilküste gehört fest zur Tour der Weltmeisterschaft. Drei Sekunden dauert der freie Fall mit Tempo 85 km/h.

KIRCHEN IN DER OBERSTADT
St-Dominique ist die einzige gotische Kirche Korsikas (1243) – ihr Glockenturm ist achteckig! Sehenswert sind Gemälde aus dem 16. und 18. Jh. sowie der achteckige Glockenturm. Ältestes Gebäude der Stadt ist die Kirche *Ste-Marie-Majeure* am Markt, die Pisaner im 12. Jh. erbauten – doch erst im 14. Jh. gab's den Glockenturm.

ESCALIER DU ROI D'ARAGON
Angeblich wurde die Treppe 1420 in einer Nacht in den Fels geschlagen. 187 steile Stufen führen zu einem kleinen Fußweg unter den Klippen. *Nur im Sommer bei trockenem Wetter und ruhiger See, tgl. 9–18 Uhr (Juli, Aug. bis 20 Uhr) | 2,50 Euro*

BOSCO
Bosco heißt Wald, und früher war das Hochplateau mit Oliven- und Wacholderbäumen dicht bewachsen. Heute erheben sich hier die Ruinen einer Windmühle und das Kloster *St-François*. Lauf die Treppe zum *Gouvernail de la Corse* hinab, vom Felsvorsprung der südlichsten Landspitze hast du einzigartige Ausblicke! *Treppe tgl. Juli, Aug. 9–20, Juni, Sept. 10–18 Uhr | 2,50 Euro*

CIMETIÈRE MARIN
An der Spitze der Halbinsel Le Bosco platzt im Hof des einstigen Klosters

Spektakuläre Lage: Bonifacio ist bis an die Abbruchkante der Kalkklippen gebaut

St-François der südlichste Friedhof Frankreichs aus allen Nähten: Dunkle Familiengruften, Marmormausoleen und einfache Gräber mit Eisenkreuz drängen sich im Friedhof der Seeleute, der selbst im Trubel der Hochsaison eine Oase der Ruhe ist.

ESSEN & TRINKEN

CICCIO
Frische Marktküche, mal klassisch (Lasagne), mal raffiniert (Ravioli mit Seeigel) in zwei gegenüberliegenden Lokalen in der Oberstadt. *6, Rue St-Jean-Baptiste | Tel. 04 95 73 18 46 | ciccio-bonifacio.com | €€*

STELLA D'ORO (CHEZ JULES)
Im Bassin schwimmen Hummer, eine alte Ölpresse und Holzdecken sorgen für Ambiente, aus der Küche kommt das Beste von Land und aus dem Meer. Unbedingt reservieren! *7, Rue Doria | Tel. 04 95 73 03 63 | restaurant-stelladoro-bonifacio.com | €€€*

LA CARAVELLE
Feine Meeresküche von Antony Bourquignon und Glenn Viel am Hafenkai – im Sommer auf der Terrasse. *35, Quai Jérôme Comparetti | Tel. 04 95 73 03 18 | short.travel/ksk11 | €€–€€€*

SHOPPEN

LA BOUTIQUE DU CORAILLEUR
Jean-Philippe Giordano gehört zu den Wenigen, die die seltenen roten Edelkorallen im Mittelmeer ernten dürfen. Juweliere von Aphrodite Créations fertigen daraus schmückende Unikate. *3, Place Montepagano | corail-rouge.com*

(🕮 F16) kannst du es ausprobieren! Orte wechseln je nach Windrichtung und -stärke, vorher anrufen. *Tel. 06 75 01 50 04 | corsica-kiteboarding.com*

AUSGEHEN & FEIERN

LE B'52

Café, Lounge, Bar und Club: vom Frühstück (7 Uhr) bis zum Absacker (2 Uhr) gute Laune. In der Hochsaison jeden Abend DJs live, außerhalb am Wochenende. *Mitte April–Mitte Sept. | 37, Quai Jérôme Comparetti | b52bonifacio.com*

RUND UM BONIFACIO

12 ERMITAGE DE LA TRINITÉ

8 km von Bonifacio / 15 Min. (Auto)

Bizarr geformte Felsen, Olivenbäume, Steineichen und tief unten das Meer: Die 200 m hoch gelegene Einsiedelei wurde schon in der Antike als heiliger Ort empfunden. Das frühchristliche Kloster nutzten später Franziskaner. Heute wird hier gepicknickt und gewandert: zum Leuchtturm am Capu di Fenu und zur *Plage de Paraganu*, einer einsamen Bucht mit türkisblauer See. *Abseits der N 196 Richtung Sartène |* 🕮 *E16*

INSIDER-TIPP
Besuch bei Robinson

Bummel durch Bonifacios Altstadt

CECCALDI

Messer, scharf kombiniert: Die Ceccaldis stellen traditionelle Hirtenmesser her, das typisch korsische Klappmesser *(curncicciulu),* aber auch Küchen- und Tafelmesser in elegantem Design, mit Griffen aus Holzsorten oder Horn. *15, Rue du Palais | couteaux-ceccaldi.com*

SPORT & SPASS

CORSICA KITEBOARDING

Spaß mit Brett und Gleitschirm – in den Buchten von *Ventilegne* (🕮 *E16*), *Piantarella* (🕮 *F17*), *Sant'Amanza*

13 LAVEZZI-INSELN

5 km von Bonifacio / hin 30 Min., retour 45 Min. (Boot)

100 Felseninseln und Granitriffe, unbewohnt und faszinierend ursprüng-

lich über und unter Wasser: Der Archipel der *Îles Lavezzi* markiert den südlichsten Punkt Frankreichs in Europa – und ist als Teil des *Parc Marin International des Bouches de Bonifacio (rnbb. fr)* geschützt. In der Hochsaison steuern Ausflugsschiffe die Inseln an: 🎭 Fahr am besten mit einem Glasbodenboot und nimm Picknick, Bade- und Schnorchelsachen mit! *35 Euro | gina croisiere.com, spmbonifacio.com, ve dettesthalassa.com | 🗺 F17*

14 CAPU DI ROCCAPINA ★

30 km von Bonifacio / 32 Min. (Auto)
Auf der Fahrt nach Westen (D 196/T 40) siehst du den 300 t schweren *L'Uomo di Cagna* (🗺 E16) auf einem Gebirgskamm nördlich der Straße ruhen: In der Antike diente der Wackelstein als Seezeichen. Wer hinaufwandern möchte: Los geht es in Monacia d'Aullène (8,5 km/ 4 Std., schwere Tour!). Nach weiteren 10 km Fahrt erreichst du eine kleine Passhöhe: Gegenüber hat sich ein steinerner Löwe über der türkisfarbenen Badebucht 🏖 *Plage de Roccapina* ausgestreckt: der *Rocher du Lion* (🗺 D16) am *Capu di Roccapina*. Die *Casa di Roccapina* erläutert, wie die Erosion solche *tafoni* geschaffen hat. Das Kap selbst kannst du auf dem *Caminu de l'Oriu* und dem *Caminu di a Punta* entdecken, vorbei an ausgehöhlten Felsen, die in der Macchia verborgen sind. Oder lauf hoch zum Turm: Die Aussicht lohnt den Weg!

GROTTENFAHRTEN

Grottes, Falaises, Calanques: Alle Ausflugsboote im Hafen schippern, meist mit Glasbootenbooten, an den imposanten Klippen entlang in tiefe, dunkle Höhlen. In der *Sdragonato-Grotte* haben Regen und Wellen ein „Fenster" zum Himmel in der Form der Insel ausgespült. *Bei ruhiger See | 17,50– 22,50 Euro | ginacroisiere.com, spmbonifacio.com, vedettesthalassa. com | 🗺 E16*

STRÄNDE

Am *Leuchtturm von Pertusato* (nach 6 km entlang der Küstenstraße) sind Abstiege auf flache Felsen möglich. Für einen breiten, familienfreundlichen Strand zur *Plage de Piantarella* auf der D 58 nach Osten fahren. Läuft man von der Anlegestelle rechts zur Landspitze, kann man zur vorgelagerten Insel schwimmen. Die D 60 führt zu den hübschen Stränden *Maora* und *Sant'Amanza* (6 km) – Windsurfreviere! In Richtung Sartène (ca. 8 km) liegt vor dem Sandstrand *Plage de Tonnara* eine Badebucht mit Karibikflair, die 🏖 *Plage de Stagnolu*. 🗺 E–F16

SCHÖNER SCHLAFEN IN KORSIKAS SÜDEN

THERME IN DER ALTA ROCCA

37° C warm sprudelt bei Ste-Lucie-de-Tallano eine Thermalquelle in einen kleinen Outdoor Pool, der nachts romantisch beleuchtet wird. Er gehört zur *Domaine Rosa de Caldane (D 545 | Tel. 04 95 73 50 26 | hotelresidence-caldane.com | €€)*, die u. a. auch mit Sauna, Spa und Gourmetküche für rundum wohlige Momente sorgt. 15 große Studios (1 davon behindertengerecht).

ERLEBNIS TOUREN

Lust, die Besonderheiten der Region zu entdecken? Dann sind die Erlebnistouren genau das Richtige für dich! Ganz einfach wird es mit der MARCO POLO Touren-App: Die Tour über den QR-Code aufs Smartphone laden – und auch offline die perfekte Orientierung haben.

❶ VOM MEER INS HOCHGEBIRGE UND ZURÜCK

- ➤ In erfrischenden Gumpen baden
- ➤ Korsikas Bergwelt entdecken
- ➤ Steinzeiterbe im Zauberwald bestaunen

📍 Solenzara   🏁 Porto-Vecchio

→ 135 km   🚗 1 Tag, reine Fahrzeit 2,5 Stunden

ⓘ Mitnehmen solltest du Wanderstiefel, Badesachen, ein Fernglas, am besten auch die IGN-Wanderkarte 4253ET. Ein Tisch im A Pignata (festes Menü) muss vorab reserviert werden.

Auf dem Fernwanderweg Mare e Monti Sud

GEMÄCHLICH VON SOLENZARA ZUM BAVELLA-PASS

Von ❶ Solenzara ➤ S. 106 geht es *am Ende des Orts, vor der Brücke über den gleichnamigen Fluss, auf die D 268,* zunächst führt die Straße noch durch Macchia, doch bald werden die Bäume entlang der Strecke höher. *Nach etwa 10 km* kommst du dem Wasserlauf ganz nah: Spring in die beiden ❷ Badegumpen ➤ S. 107, klettere über die Felsen und erfrisch dich beim Plantschen. *Danach fährst du weiter über die gewundene Straße,* Immer neue Panoramen vor Augen. An der ❸ Bocca di Larone *biegt in der ersten Kurve hinter dem Pass rechts ein Weg ab* und du kannst zu herrlichen Wasserfällen wandern (2,5 km, 45 Min. hin und zurück). Der Weg ist nicht markiert, aber gut ausgetreten. Auf der Weiterfahrt wird die Aussicht mit jeder Kurve fantastischer, bis die Gebirgsketten sich vereinen.

ZU BESUCH BEI MUFFLONS

Dann führt die Straße hinauf in einen kühlen Nadelwald, den Forêt de Bavella. Zwischen seinen fast 1000 Jahre alten Laricio-Kiefern blühen Alpenveilchen, Anemonen, Akeleien auf tiefgrünen Wiesen. Such dir ein Plätzchen auf der weiten Wiese und genieße die Atmo-

❶ Solenzara

10,5 km   11 Min.

❷ Badeplätze

7 km   7 Min.

❸ Bocca di Larone

16 km   19 Min.

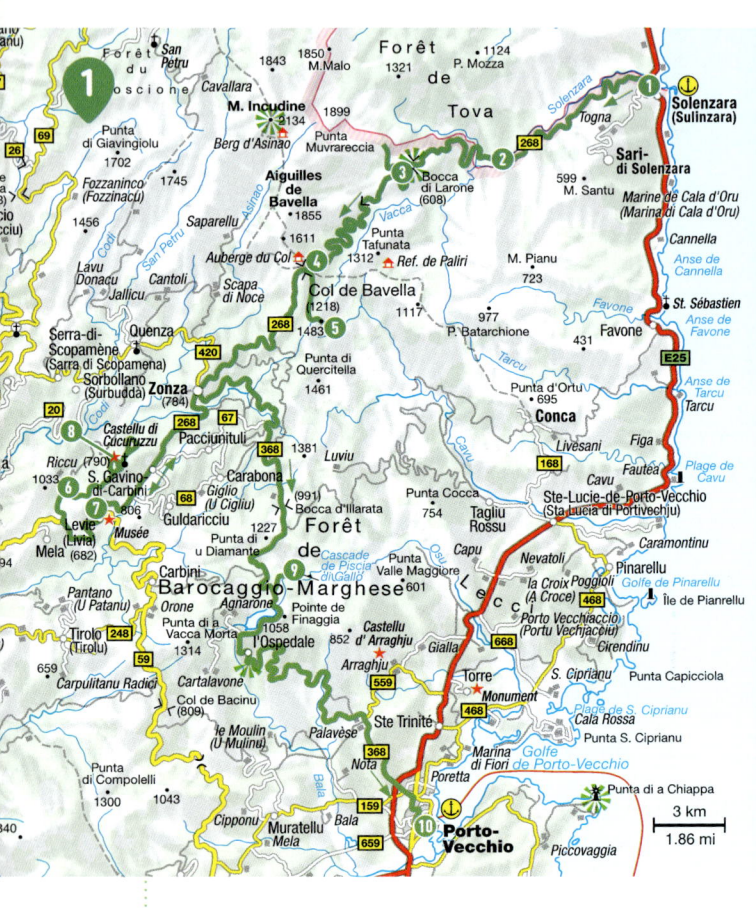

4 Col de Bavella
3,5 km   1 Std.

5 U Cumpuleddu
23 km   22 Min.

sphäre am Pass; vielleicht hast du Glück und kannst eines der scheuen korsischen Mufflons entdecken, von denen nur noch knapp hundert hier leben. Auf 1218 m am **4 Col de Bavella** ➤ S. 112 gibt es auch einen Trinkwasserbrunnen und die **Auberge du Col de Bavella,** die Wanderer am GR 20 mit Hausmannskost und Stockbetten empfängt. Die Marienstatue **Notre-Dame-des-Neiges** (Maria Schnee) ist immer am 5. August Ziel einer Wallfahrt. Vom Parkplatz führt südlich des Passes eine ausgeschilderte einstündige Wanderung zum **5 U Cumpuleddu**, wie die Korsen das *Trou de la Bombe*, das „Bombenloch" nennen – ein imposantes, 8 m im Durchmesser großes Loch im Fels, auf das man von einem Felstor aus einen Blick werfen kann, wenn man ein Stück hinaufklettert.

BÄUERLICHE KÜCHE UND EIN AUSFLUG IN DIE BRONZEZEIT

Hinter dem Pass erreichst du *auf der D 268* rasch die hübschen Orte Zonza ➤ S. 112 und Levie ➤ S. 113. In paradiesisch-ländlicher Atmosphäre kannst du – wenn du vorab reserviert hast! – am späten Mittag 5 km westlich von Levie in der Ferme-Auberge ❻ A Pignata *(auch 17 Zi. | Route du Pianu | Tel. 04 95 78 41 90 | apignata. com | €€–€€€)* allerfeinste korsische

Verehrung: an der Marienstatue am Bavella-Pass

Küche mit vielen Produkten aus eigener Herstellung genießen. Es liegt ein bisschen versteckt: Folge der Straße bis kurz vor Cucuruzzu und biege links auf eine Piste ab.

Informier dich danach in Levie im ❼ Musée de l'Alta Rocca ➤ S. 113 über die nahen Bronzezeitsiedlungen. Zu den Ausgrabungsstätten *biegst du 3,5 km hinter Levie in einer Kurve rechts ab und folgst 3,5 km der Stichstraße bis zu einem Parkplatz.* Von dort führt eine 1,5-stündige Rundwanderung durch einen bemoosten Zauberwald aus Steineichen, Schwarzkiefern und Kastanien zu den beiden in der Bronzezeit entstandenen Anlagen von ❽ Cucuruzzu und Capula ➤ S. 114. Letztere wurde zur Burg ausgebaut, war noch bis ins Mittelalter bewohnt und wird heute von einem abgebrochenen Menhir bewacht. Von beiden Siedlungen aus hast du schöne Ausblicke bis zum Bavella-Massiv.

ZUM WASSERFALL WANDERN UND ZURÜCK AN DIE KÜSTE

Nun geht es zurück nach Zonza; von dort führt die D 368 Richtung Süden wieder durch herrliche Wälder. Ein hübscher Spaziergang bringt dich zum Wasserfall ❾ Piscia di Gallo ➤ S. 112, sein Ausgangspunkt liegt

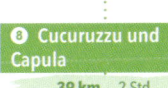

❻ **A Pignata**

5,7 km   6 Min.

❼ **Musée de l'Alta Rocca**

9,5 km   1 Std.

❽ **Cucuruzzu und Capula**

39 km   2 Std.

❾ **Piscia di Gallo**

25 km   1 Std. 10 Min.

ca. 4 km vor der Staumauer des Barrage de L'Ospedale an einem großen Parkplatz mit Kiosk. Der Weg zweigt links ab und führt durch den Wald bergab zum rund 80 m hohen Wasserfall (6 km, 1,5 Stunden hin und zurück). Zurück am Parkplatz startest du wieder mit dem Auto und erreichst am frühen Abend *über die D 358* den beliebten Ferienort **⑩ Porto-Vecchio** ➤ S. 118. Dort kannst du nach einem entspannten Stadt-Hafen-Bummel und einer Führung in der Zitadelle ein typisch korsisches Diner im Bistrot **A Cantina di L'Orriu** ➤ S. 119 genießen.

⑩ Porto-Vecchio

❷ STEINZEIT, WEINGÜTER UND MEERESSTRAND

➤ **Die Magie der Menhire von Filitosa**
➤ **Traumhafte Weine**
➤ **Schnorchelabenteuer und Chillen am Strand**

📍 Propriano	🏁 Porto-Pollo
➡ 50 km	🚗 1 Tag, reine Fahrzeit 1 Stunde

ℹ Badesachen und Schnorchelausrüstung einpacken, denn das Ziel liegt am Meer. Dienstag ist Ruhetag im Restaurant Le Frère, das von Ende April bis Ende September geöffnet ist. Den Tisch im Restaurant L'Escale besser reservieren. Beide Weingüter, zu denen die Tour führt, sind über Mittag geschlossen. Rückfahrt vom Endpunkt der Tour nach Propriano ca. 20 km

① Propriano
20 km   20 Min.

② Filitosa
8 km   7 Min.

AUF ZUR ZEITREISE IM INSELINNEREN
Du startest im lebendigen Urlaubsort **① Propriano** ➤ S. 115 am Golf von Valinco und fährst zunächst *auf der N 196 nach Norden. Noch an der Bucht biegst du auf die D 157 ab und kurz nachdem diese von der Küste wegführt auf die D 57 nach* **② Filitosa** ➤ S. 116. Korsikas bedeutendste prähistorische **Ausgrabungs-**

stätte präsentiert dir auf einem rund zweistündigen Rundgang mit Audio-Infosäulen eine geheimnisvolle Megalithkultur, die bis ins 6. Jt. v. Chr. zurückreicht. Um den Eingang haben Handwerker und Erzeuger aus der Region ihre Stände aufgestellt. Keramik, Honig, Konfitüren, Käse, Wein, eingelegte Kastanien – lauter authentische Produkte, perfekt als Souvenir oder Mitbringsel! *Dann steht eine Fahrt durch enge Kurven hinauf nach* ❸ Sollacaro *an, das als einstiger Hauptort über dem unteren Taravo-Tal thront. Von hier regierte die Familie d'Istria bisweilen sehr despotisch über das Sartenais. Die Festungsruine liegt oberhalb des Dorfs. Nach einem Spaziergang geht es *zurück bis zum Abzweig der D 57. Folge dann der D 302 nach Calzola.*

❸ Sollacaro	
7 km	7 Min.

BESUCH BEI EINER WINZERFAMILIE

Kurz vor der alten Brücke liegt das Bio-Weingut ❹ Domaine Comte Abbatucci *(Lieu-dit Chiesale | Pont de Calzola | Casalabriva | domaine-abbatucci.com). Die Cuvées aus den einheimischen Rebsorten Vermentinu, Sciaccarellu und Niellucciu kannst du im kleinen Restaurant Le Frère *(Mitte April–Mitte Sept., Mi–Mo | Tel. 04 95 24 36 30 | restaurantlefrere.com | €€) probieren, das ein Bruder der beiden Winzer betreibt. *Bieg dazu ein Stück weiter an der Auberge U Mulinu rechts ein.*

❹ Domaine Comte Abbatucci	
6,5 km	8 Min.

Blick von Norden auf Propriano in der windgeschützten Bucht von Valinco

Auf der Terrasse des Restaurants, die mitten in der Macchia liegt, kommen korsische **Spezialitäten vom Lamm und der alten Rinderrasse „Vache Tigre" auf den Tisch.**

INSIDER-TIPP **Fleischeslust**

Nach dem Essen geht es weiter *über die D 757 Richtung Porto-Pollo*. Etwa auf halber Strecke dahin liegt links der Straße der unauffällige Weinkeller der ➎ **Domaine de Pratavone** *(Tel. 04 95 24 34 11 | domainedepratavone.com)*: Entdecke ihren vielfach prämierten Wein, der auch ab Keller verkauft wird, bei einer Verkostung.

Nach den vielen Kurven ist es Zeit ans Meer zu kommen, *die D 757 endet im Städtchen* ➏ **Porto-Pollo** am Golfe de Valinco. Vom breiten Sandstrand kannst du zum Schnorchelabenteuer starten, das Wasser wird dort recht schnell tief: perfekt! Ideal zum Tagesausklang ist ein Abendessen im **L'Escale** *(April–Okt. tgl. | Tel. 04 95 73 50 98 | lescale-corse.fr | €€)*. Direkt am Strand serviert es Fisch und Seafood – Sonnenuntergang inklusive!

➎ **Domaine de Pratavone**

9,5 km 9 Min.

➏ **Porto-Pollo**

Goldenes Kastanienlaub vor schneebedeckten Gipfeln: Herbst in der Castagniccia

❸ BERGWALD UND KULTUR: DIE CASTAGNICCIA

➤ **Kurven durch Kastanienwälder**
➤ **Daheim bei Korsikas Freiheitshelden**
➤ **Sundowner am Lido**

📍 Casamozza   🏁 Moriani-Plage

➡ 150 km   🚗 1 Tag, reine Fahrzeit 5 Stunden (Hauptsaison)

ⓘ Auch wenn die Tour zuerst in die Bergwelt einbiegt, am Ende brauchst du Badesachen. Einen Tisch im Retaurant L'Ampugnani in La Porta solltest du reservieren. Zur besseren Orientierung empfehlenswert ist die IGN-Karte 175 Bastia–Corte

ABENTEUERLICHE FAHRT IN KORSIKAS HERZ

Starte möglichst früh an der Ostküste bei ❶ Casamozza, ca. 20 km südlich von Bastia. *Die Route folgt der N 193 zunächst dem Flusslauf des Golo nach Westen, in Barchetta geht es rechts auf die D 15 ab und über Campitello und Bigorno auf der Panoramastraße in eine Höhe von 450 m. Jede Haarnadelkurve bringt neue Aussichten, die über das Golo-Tal weit bis zu den Hochgebirgsgipfeln reichen. Über die D 5 bei Lento kehrst du wieder zurück zur N 193.* Kurz darauf erreichst du bei ❷ Ponte Novu die verfallene Steinbogenbrücke über den Golo. Hier verlor Pasquale Paoli, der große korsische Freiheitskämpfer, mit seinen Truppen am 8. Mai 1769 die entscheidende Schlacht gegen die Franzosen. Seitdem gehört Korsika zu Frankreich. Ein Denkmal erinnert an die Toten.

In Ponte Leccia *musst du kurz vor der großen Golo-Brücke links auf die D 71 abbiegen,* die auf 750 m Höhe führt. Niedrige Haine mit Olivenbäumen und Korkeichen bestimmen die Landschaft. So kommst du nach

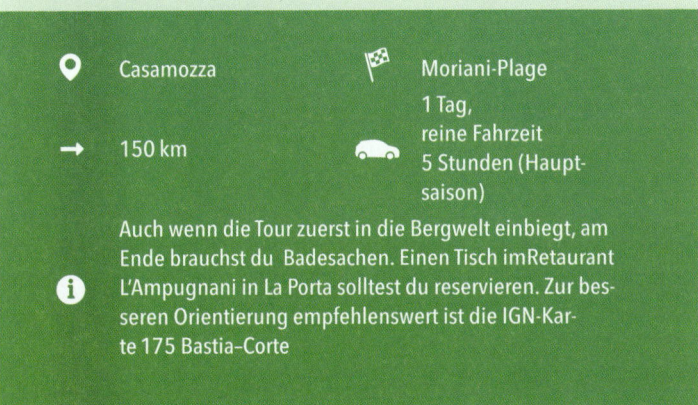

❶ Casamozza

33,5 km   39 Min.

❷ Ponte Novu

23 km   22 Min.

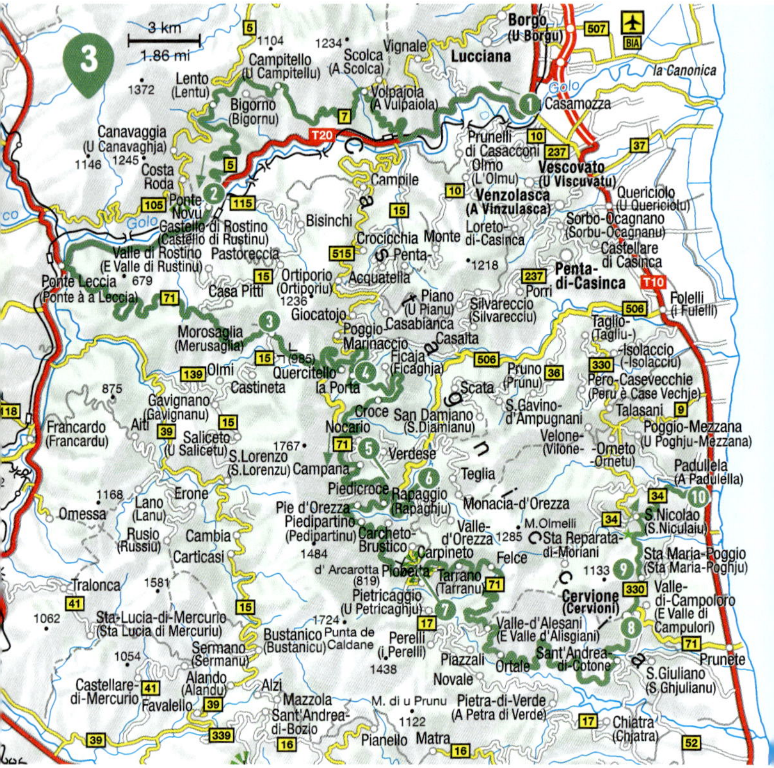

❸ Musée Pasquale Paoli

10,5 km   11 Min.

❹ La Porta

14 km   12 Min.

Morosaglia ► S. 100. Pflichtbesuch im Geburtsort von Pasquale Paoli: dessen Geburtshaus am östlichen Ortsausgang, das ❸ Musée Pasquale Paoli ► S. 100. Hier bist du mitten in der Castagniccia. *Folge der Straße hinauf bis zum* Col de Prato *(985 m), der den Blick freigibt bis zur Ostküste. Wenige winzige Dörfer ragen mit ihren von der Sonne angestrahlten Mauern wie Inseln aus einem grünen Waldmeer hervor. Hinter dem Pass gabelt sich die Straße nach etwa 5 km. Linksab lohnt ein Abstecher nach* ❹ La Porta, schon wegen seiner Barockkirche mit dem frei stehenden Glockenturm, dem schönsten der Insel, aber auch wegen der leckeren regionalen Küche im L'Ampugnani (tgl. 11–13 u. 18–22 Uhr (im Winter mittags tgl. abends nur Fr/Sa) | am Kirchplatz | Tel. 04 95 39 22 00 | ampugnani.com | €€).

Die Route führt anschließend weiter in Richtung Piedicroce. Nach einer Kurve überrascht dich die schon fast
völlig überwucherte Ruine des **⑤ Couvent d'Orezza ➤ S. 100**. Das ehemalige Franziskanerkloster war
einst das Zentrum der korsischen Unabhängigkeitsbe-
wegung. Ein kurzer *Abstecher nach links über die D
506/D 46* bringt dich zum früheren Heilbad Eaux
d'Orezza. Zapf dir das Wasser von Orezza, das inselweit
verkauft wird, direkt aus seiner **⑥ Quelle ➤ S. 100**!

⑤ Couvent d'Orezza	
5 km	5 Min.

⑥ Quelle	
12,5 km	12 Min.

PANORAMA AN PANORAMA

Weiter geht es gen Süden auf der D 71. Hinter dem Col
d'Arcarotta ➤ S. 99 blickst du in das
weite Tal des Alesani mit seinem
markanten Stausee, der heute ein
beliebtes Ziel beim Geocaching ist!
Für einen preiswerten Imbiss, etwa
einen Teller mit *charcuterie*, sorgt am Berg die **⑦ Auberge des Deux Vallées ➤ S. 99**. Später, *schon auf
dem Weg nach Norden*, taucht **⑧ Cervione ➤ S. 99**
malerisch am Hang auf, umgeben von Weinbergen,
Edelkastanien- und Olivenhainen. Entdecke das Schick-
sal des „Königs von Korsika" im liebevoll eingerichte-
ten Stadtmuseum. Cafés und Restaurants mit Blick
aufs Meer laden zu einer Pause ein.
*Kurz hinter dem Ort führt die Route von der Hauptstraße
links ab auf die D 330 nach Santa-Maria-Poggio.* Hier
beginnt die **⑨ Corniche de la Castagniccia ➤ S. 97**,
eine der schönsten Panoramastrecken Korsikas. Unterwegs duftet an den Hängen die Macchia, blüht gelb der
Ginster, drängen sich Edelkastanien auf verwilderten
Terrassen, und im Tal erstreckt sich die fruchtbare Ebene
der Costa Verde! *Über San Nicolao geht es weiter in Richtung Santa-Lucia-di-Moriani.* Die Landschaft strotzt in
diesem Abschnitt nur so vor üppigem Grün, durchzogen
von kleinen Wasserfällen. Die Straße schmiegt sich an
den steilen Hang und bietet immer wieder tolle Blicke
auf die Küste. *Sie erreichst du auf der D 34 in* **⑩ Moriani-Plage ➤ S. 96**, wo ein großer Sandstrand wartet. Lass
dir einen Sundowner im Lido (*Mai–Sept. tgl. | Bord de
Mer | Facebook*) mit Blick aufs Meer servieren: Wetten,
du denkst dir – nach Korsika komm ich wieder!

INSIDER-TIPP
N42°18428–
E009°28,019

⑦ Auberge des Deux Vallées	
26 km	23 Min.

⑧ Cervione	
4 km	7 Min.

⑨ Corniche de la Cas-tagniccia	
8 km	20 Min.

⑩ Moriani-Plage	

GUT ZU WISSEN

DIE BASICS FÜR DEINEN URLAUB

ANKOMMEN

ANREISE

Von Mai bis Ende September starten Linien- und Charterflieger von vielen Städten aus zu den vier korsischen Flughäfen Ajaccio, Calvi, Bastia und Figari, ganzjährig nur Air France und Air Corsica. Air France fliegt von D, A, CH via Paris oder Lyon auf die Insel, Direktflüge gibt es nur in der Hauptsaison. Nur in Ajaccio und Bastia fahren Shuttlebusse *(navettes)* vom Airport ins Stadtzentrum. Taxis in die Stadt kosten vom Flughafen Ajaccio rund 27 Euro, in Bastia rund 42 Euro, in Calvi rund 15 Euro und in Figari rund 40 Euro.

Corsica Linea (corsicalinea.com) schippert von Marseille über Nacht in 11 bis 14 Stunden nach Ajaccio, Bastia, L'Île-Rousse und Porto-Vecchio. Ebenfalls von Marseille fährt *La Meridionale (lameridionale.fr)* ganzjährig die Häfen Ajaccio, Bastia und Propriano an. Preiswerter kommst du von Toulon, Nizza, Livorno oder Savona mit den Autofähren von *Corsica Ferries (corsica ferries.biz/de)* nach Porto-Vecchio, L'Île-Rousse, Ajaccio und Bastia. *Moby Lines (mobylines.de)* fährt von Nizza, Genua und Livorno nur Bastia an. Tipp: Vergleich die Preise auf *aferry.de!* Die Fährhäfen sind auch per Bahn erreichbar – allerdings sind die Fahrpläne nicht aufeinander abgestimmt.

KLIMA & REISEZEIT

Korsika hat 230 Sonnentage mit heißen Sommern. Top für Touren sind Mai und Juni mit ihrer Blüten-Power – und September/Oktober, wenn das Laub sich bunt färbt, aber das Mittelmeer noch badewarm ist. Der Winter ist an der Küste mild und sonnig; im Inselinnern hingegen feucht und bibberkalt. Viele Hotels sind nur von April bis Mitte Oktober geöffnet.

Diese abenteuerliche Straße führt durch die Calanches de Piana am Golf von Porto

WEITER-KOMMEN

AUF DER STRASSE

An der Küste sind die Hauptstraßen gut ausgebaut und gesichert. Im Inselinnern jedoch verlaufen oft schmale, sehr kurvige Strecken auf denen dir halbwilde Schweine und freilaufende Ziegen begegnen können.

Auf allen Landstraßen gilt Tempo 80. In Ortschaften liegt das Limit bei 50 km/h, mitunter auch 30 km/h. Auf Bergstrecken musst du bergauf fahrenden Fahrzeugen ausweichen. Telefonieren, Rauchen und Essen am Steuer ist verboten; die Promillegrenze liegt bei 0,5. Anschnallen ist Pflicht ebenso wie eine reflektierende Weste für jeden Passagier dabeizuhaben. Wer mit dem Rad unterwegs ist, muss abends oder bei schlechter Sicht eine Warnweste tragen. Wer sich ohne erwischen lässt, ist mit 35 Euro dabei. Für Kinder unter 12 Jahren besteht Helmpflicht. Auf den *Voies Vertes* radelt man abseits vom Verkehr!

Bei der Routenplanung verlassen sich Franzosen auf *Bison Futé (bison-fute. gouv.fr)*. Per App und Web informiert das „kluge Bison" in Echtzeit und gibt Sieben Tage Prognosen.

LEIHFAHRZEUGE

Deinen fahrbaren Untersatz solltest du schon zu Hause mieten – das wird billiger als auf Korsika. Echte Fun-Fahrzeuge sind die halboffenen Beach-Buggies von *Corsica Ranger (corsicaranger.com | Woche 690 Euro)* – für Offroad-Touren gibt es dort auch Quads für 615 Euro/Woche. Vom Suzuki-Zweisitzer bis zum kraftvollen Mitsubishi mit 7 Sitzen vermietet *St. Flo (110–200 Euro/Tag | stflo4x4.com)* Allradwagen für Touren durch die Agri-

ates und andere wilde Ecken bei St-Florent. Elektro-Scooter und Motorräder vermieten *corsicamoto.com (Ajaccio; Scooter 125 ccm 58 Euro/Tag, 1090 Adventure R 2018 220 Euro/Tag), garagedangeli.com (Calvi; Scooter 30–50 Euro/Tag, auch Fahrräder: 14–20 Euro/Tag)* und *corse-moto-service. com (Porto-Vecchio; Motorroller: 55–95 Euro/Tag, 330–565 Euro/Woche).*
Gute Fahrräder, E-Bikes und Mountainbikes gibt es auch bei *Location Velo Corse (ab 40 Euro/Tag | Bastia | Tel. 04 95 44 49 67 | location-velo-corse.com).* E-Bikes heißen auf Französisch VAE, *vélos à assistance électrique,* Mountainbikes kurz VTT, *vélos tous terrains.*
Du willst ganz frei und unabhängig sein? Zwei Vermieter bieten Wohnmobile an: *aviscaraway.com* an der D 81 bei Alata und *blacksheep-van.com* mit Büros in Ajaccio und Bastia.

ÖFFENTLICHE VERKEHRSMITTEL
Fast alle Orte lassen sich – meist morgens und am frühen Abend – so erreichen, doch das ist sehr zeitaufwendig *(corsicabus.org).* Gut hingegen sind die Stadtbus-Angebote in Ajaccio und Bastia. Tickets für die 12 Muvistrada-Buslinien von Ajaccio gibt es nur papierlos aufs Handy *(Fahrt 1 Euro, Tag 3 Euro | ca-ajaccien.corsica/muvistrada).* In Bastia kostet das Einzelticket der 14 Linien *(bastiabus.com)* 1,30 Euro.
Wie ein Y sieht das Netz der Schmalspurbahn aus, die die Korsen liebevoll „Trinighellu" und „Micheline" nennen. Seit 1888 verbindet sie Ajaccio mit Bastia. In Ponte-Leccia zweigt die Strecke nach Calvi ab. Von Calvi bringt sie dich im Sommer als *Tramway de la Balagne* zu den schönsten Stränden an der Küste nach L'Île-Rousse. Die einfache Fahrt für bspw. Bastia–Ajaccio kostet 21,60 Euro, die Wochenkarte (Pass Libertà) für alle Strecken 50 Euro. *train-corse.com, Fahrpreistabelle: train-corse.com/tarif-de-base*

TAXI
Einmal in der Stadt am Straßenrand winken und schon steht das gelb-schwarze Taxi vor dir. Aber nachts und über Land musst du auf jeden Fall vorbuchen. Das gilt auch für Taxitransfers vom Flughafen, wenn du nach 19/20 Uhr landest oder morgens früh fliegst. Die Tarife sind von Stadt zu Stadt unterschiedlich, sonn- und feiertags sowie nachts von 19 bis 7 Uhr wird's teurer. Die Grundgebühr in Bastia beträgt 2,30 Euro, jeder Kilometer kostet tags 2,14 Euro, nachts 3 Euro. *taxis-de-france.com*

IM URLAUB

AUSKUNFT VOR DER REISE
Atout France – Französische Zentrale für Tourismus
– *Postfach 100128 | 60001 Frankfurt/M. | info.de@france.fr | de.france.fr*
– *Österreich: info.at@france.fr*
– *Schweiz: info.ch@france.fr*
– *facebook.com/DE.france.fr*
– *twitter.com/atout_france_de*

AUSKUNFT AUF KORSIKA
Die *Offices de Tourisme* bieten neben Auskünften meist auch Führungen und WLAN. Online gibts alles beim Touris-

FESTE & EVENTS
RUND UMS JAHR

MÄRZ/APRIL

Fête de Notre-Dame de la Misericorde: Fest in Ajaccio (18. 3.)

Ostern – Gründonnerstag: Segnung der *canistrelli*; Karfreitagsprozessionen: *La Cerca*, *La Granitula* (z. B. in Erbalunga); *U Catenacciu* in Sartène; *Kerzenprozession* (Corte)

Festa di l'Oliu Novu: Das neue Olivenöl wird gefeiert in Ste-Lucie-de-Tallano. *Facebook*

MAI/JUNI

A Fiera Di U Casgiu: Käsemarkt in Venaco. *fromages-corse.org*

Nautival: Meeresfest in Macinaggio

St. Erasme: Fest des Schutzpatrons der Fischer in Ajaccio, Calvi, L'Île-Rousse, St-Florent am 2. 6.

Johannistag: Feste, Feuer, Feuerwerk; am lebendigsten in Bastia (23./24. 6.)

JULI/ AUGUST

Estivoce: Festival der Volksmusik in Pigna und anderen Orten der Balagne. *centreculturelvoce.org/estivoce*

Les Nuits de la Guitare: Jazz, Klassik, Rock und Sinti-Klänge in Patrimonio. *festival-guitare-patrimonio.com*

Calvi on the Rocks: Electro Beats am Strand. *calviontherocks.com*

Fiera di L'Alivu: Olivenfest in Montegrosso, s. S. 55

Porto Latino Festival: Latino-Combos, Salsa in St-Florent. *portolatino.fr*

Stadtfest: Napoleons Geburtstag in Ajaccio (14./15. 8.)

SEPTEMBER/OKTOBER

A Santa di u Niolu: Volksfest zu Mariä Geburt in Casamaccioli (8. 9.)

Tour de Corse Historique: Oldtimer-Variante der französischen Rallye-Meisterschaft. *tourdecorse-historique.fr*

NOVEMBER/DEZEMBER

A Festa di a Nazione: Korsikas Nationalfest (inselweit, 8.12.);

Fiera di a Castagna: größter Regionalmarkt, Bocognano. *fieradiacastagna.com*

Weihnachtsmärkte z. B. in Bastia

tikbüro auf *visit-corsica.com*. Prall gefüllt mit Infos und Ideen sind auch die privaten Korsika-Seiten *korsika.fr* und *paradisu.de*.

Infos zu Wanderungen und Wanderherbergen gibt es beim *Parc Naturel Régional de la Corse (BP 30417 | 20700 Ajaccio Cedex 9 | infos@pnr-corse.fr | parc-corse.org)*. Viele Karten und Führer (gegen Gebühr) wie die perfekt ausgearbeiteten „Topo Guides" für kleine und großen Wanderungen.

Wo was los ist, verraten die kostenlosen Heftchen „Guide des Manifestations Culturelles" und „A Canzona in Giru" und der Online-Eventkalender auf *isula.corsica/culture*.

BANKEN & GELD

Die Banken haben vorwiegend *Mo–Fr 8.30–12 und 14–16.30 Uhr* geöffnet. Geldautomaten gibt es nur in den größeren Orten. Korsen zahlen fast alles mit EC- oder Kreditkarte; einzig bei Privatvermietern, kleinen Hotels oder bei kleinen Beträgen gilt noch die Devise „Nur Bares ist Wahres".

CAMPING & GLAMPING

Ein Zelt kannst du auf knapp 200 Plätzen aufschlagen – wild campen ist tabu! Wer kein Zelt, Wohnwagen oder Womo hat, kann wochenweise kleine Bungalows *(chalets),* Mobilheime oder *roulottes* (Planwagen) mieten. Zum Glamping laden eine Handvoll Campingdörfer, die – wie *Le Campoloro (yellohvillage.de)* – Spas und mehr bieten. Campingplatzsuche (auch barrierefrei): *campingfrance.com, camping.hpaguide.com,* Wohnmobilstellplätze: *eurocampingcar.com*.

FKK

An der Ostküste bei San Nicolao säumen die beiden größten FKK-Clubs den 9 km langen Sandstrand: *Corsica Natura (corsica-natura.com)* und *Club Corsicana (clubcorsicana.free.fr)*. Bekannt und beliebt als Feriendörfer der *naturistes* sind auch *Bagheera (bagheera.fr)* in Bravone, *Riva Bella (naturisme-rivabella.com)* in Aléria und *La Chiappa (chiappa.com/de)* in Porto-Vecchio.

FOTOGRAFIEREN

Absolut tabu sind Fotos von Polizei und Militär und deren Gebäude und Anlagen. Achtung bei Selfies vor berühmten Bauten: Da in Frankreich keine Panoramafreiheit gilt, vor dem Veröffentlichen auf Facebook, Instagram & Co. Rechte abklären! Das gilt auch für Urlaubsfotos von Tonlichtschauen, die urheberrechtlich geschützt sind!

ÖFFNUNGSZEITEN

Montags und mittags sind viele Geschäfte dicht, der Rest wird recht flexibel gehandhabt: Starre Öffnungszeiten gibt es auf Korsika nicht. Als Faustregel gilt 9–12 und 15–19 Uhr. Einige Supermärkte und viele Bäckereien haben dafür auch sonntagvormittags geöffnet. Kleinere, familiär geführte Lokale haben meist einen Ruhetag in der Woche, größere an belebten Touristenorten während der Saison nicht.

WAS KOSTET WIE VIEL?

Kaffee	3,30 Euro *für einen café au lait*
Snack	3 Euro *für den Käsepfann- kuchen migliacciola*
Wein	4–9 Euro *für ein Glas Tafelwein*
Souvenir	5 Euro *für canistrelli-Kekse aus Kastanienmehl*
E-Bike	ca. 40–60 Euro *Miete für einen Tag*
Ausflug	45 Euro *Bootsfahrt Porto- Scandola*

RAUCHEN

Öffentliche Gebäude, Restaurants, Cafés, Bars, Hotels und Diskotheken sind rauchfreie Zonen, in öffentlichen Verkehrsmitteln sind auch E-Zigaretten verboten. Wer sich nicht dran hält, zahlt hohe Geldbußen. Ob das Rauchverbot auch auf Terrassen ausgedehnt werden soll, wird hitzig diskutiert. Noch darf man dort rauchen, wenn mindestens eine Seite offen ist.

TELEFON & HANDY

Vorwahl Frankreich 0033, dann die neun Ziffern der Nummer ohne die Null am Anfang wählen. Vorwahl Deutschland 0049, Österreich 0043, Schweiz 0041, dann die Ortsvorwahl ohne die Null und die Rufnummer. Kostenloses WLAN *(Wifi gratuit)* gibt in fast allen Hotels, Restaurants, Bars und Cafés sowie in vielen Geschäften und Einkaufszentren. Das Handynetz ist dicht; in entlegenen Gebirgstälern sind Funklöcher möglich.

TRINKGELD

Trinkgeld? Das gehört für die Korsen einfach zum guten Ton – auch wenn die Restaurantrechnung *„15 % service compris"* ausweist, Bedienung inbegriffen. Man bezahlt zunächst die Rechnung, bekommt das Wechselgeld zurück und lässt 5–10 Prozent des Betrages als Merci beim Verlassen des Lokals auf dem Tisch liegen. Auch Taxifahrer und Zimmermädchen freuen sich über ein *„pourboire"*.

UNTERKUNFT

Von Oktober bis April sind Strandhotels und -anlagen geschlossen. Der frankreichweite Verband *Gîtes de France* (gites-corsica.com) vermietet Wohnungen und Häuser für Selbstversorger. Hast du ein *chambre d'hôte* (privates Gästezimmer) gemietet, kannst du abends beim *table d'hôte* typisch korsische Gastfreundschaft erleben: Alle Gäste genießen gemeinsam die lokalen Köstlichkeiten, die die Gastgeber servieren.

INSIDER-TIPP Tafelrunde

Wo du bei Rinder- und Schweinezüchtern, Käsehöfen, Olivenbauern und anderen regionalen Erzeugern Urlaub auf dem Bauernhof *(à la ferme)* machen kannst, verrät das Portal *bien venue-a-la-ferme.com*.

FEIERTAGE

1. Jan.	Neujahr
Ostermontag	
1. Mai	Tag der Arbeit
8. Mai	Kriegsende 1945
Christi Himmelfahrt	
Pfingstmontag	
14. Juli	Nationalfeiertag
15. Aug.	Mariä Himmelfahrt
1. Nov.	Allerheiligen
11. Nov.	Waffenstillstand 1918
25. Dez.	Weihnachten

ZOLL

EU-Bürger können Waren des persönlichen Bedarfs innerhalb der EU frei ein- und ausführen, Grenzen gibt es bei Kaffee (10 kg), Zigaretten (800 Stück), Tabak (1 kg) und Spirituosen (10 l) sowie für Wein (90 l). Bei der Einfuhr aus der EU in die Schweiz sind bis zu einem Gesamtwert von 300 Franken 5 l Getränke mit einem Alkoholgehalt bis 18 Prozent und 1 l mit einem höheren Alkoholgehalt sowie 250 Zigaretten zollfrei. *zoll.de | ezv.admin.ch*

NOTFÄLLE

DIPLOMATISCHE VERTRETUNGEN

Deutsches Generalkonsulat
10, Place de la Joliette (Les Docks, Hôtel de Direction, 1. Etage) | 13002 Marseille | Tel. 04 91 16 75 20 | info@marseille.diplo.de | short.travel/ksk14
Österreichische Botschaft
6, Rue Fabert | 75007 Paris | Tel. 01 40 63 30 63 | paris-ob@bmeia.gv.at | bmeia.gv.at
(Honorarkonsulat in Ajaccio bis auf Weiteres geschlossen.)
Schweizer Honorarkonsulat
38, Cours Lucien Bonaparte, BP 815 | 20192 Ajaccio | Tel. 04 95 21 28 43 | ajaccio@honrep.ch | eda.admin.ch

GESUNDHEIT

Die mit grünen Kreuzen gekennzeichneten Apotheken *(pharmacie)* sind *Mo-Sa 9–12 u. 15–19 Uhr* geöffnet. Notdienst-Apotheken *(pharmacie de garde)* sind auf *allo-pharmacie-garde. fr* zu finden. Oder ruf die kostenpflichtige Servicenummer 11 84 18 an und sag „pharmacie".
Notarzt und Krankenwagen vermittelt der *SAMU (Service d'Aide médicale d'Urgence): Tel. 15*.
Arzt gesucht? Dann frag den Apotheker – oder schau auf *annuairesante. ameli.fr*. Dort erfährst du auch, wie er abrechnet. Denn die Europäische Versicherungskarte wird fast nie anerkannt. Das heißt: erst einmal selbst bezahlen – und dann die Belege zu Hause bei der Kasse zur Erstattung einreichen. Es ist ratsam, eine Reisekrankenversicherung abzuschließen.

NOTRUF

Euronotruf: *112* (englischsprachig); vom Handy: *0033 112*
Feuerwehr: *Tel. 18*
Notarzt (SAMU): *Tel. 15*
Polizei: *Tel. 17*

Bergrettung der Gendarmerie in Corte (PGHM): *Tel. 04 95 61 13 95*
Seenotrettung: *Tel. 196*

WICHTIGE HINWEISE

KRIMINALITÄT

Korsika ist ein sicheres Reiseziel. Dabei hat Korsika die höchste Mordrate Europas – doch darüber spricht man nicht, sagen die Korsen, und regeln alte Rechnungen unter sich. Aufpassen musst du nur vor Langfingern und Diebesbanden. Lass nichts im Auto sichtbar liegen und das Handschuhfach geöffnet. Im Hotel gibt es fast immer Tresore für Wertsachen.

NATURGEFAHREN

Korsikas Natur ist kein zahmes Idyll. Am Meer können ablandige Winde gefährlich werden. Flüsse schwellen bei Regen schnell an. Wie hoch, verraten die Brückenbögen. In die Macchia solltest du dich nur mit viel Trinkwasser und guter Landkarte aufmachen. Im Gebirge kann dich im Hochsommer die Kälte überraschen. Kehr bei Nebel oder Gewitter sofort um!

Achtlos weggeworfene Zigarettenkippen und zerbrochene Flaschen, die wie ein Brennglas wirken, lassen jedes Jahr riesige Waldbrände entstehen. Feuermachen und Rauchen im Wald sind im Sommer tabu. Bei extremer Trockenheit sind besonders gefährdete Gebirgsmassive gesperrt. Forstbeamte patrouillieren!

WETTER IN BASTIA

■ Hauptsaison
■ Nebensaison

	JAN.	FEB.	MÄRZ	APRIL	MAI	JUNI	JULI	AUG.	SEPT.	OKT.	NOV.	DEZ.
Tagestemperaturen	13°	14°	15°	18°	21°	26°	29°	29°	26°	21°	17°	14°
Nachttemperaturen	4°	4°	6°	8°	11°	14°	17°	17°	15°	12°	8°	5°
Sonnenschein Stunden/Tag	5	5	6	7	9	10	12	10	8	6	5	4
Niederschlag Tage/Monat	7	6	7	6	6	3	0	1	4	7	8	8
Wassertemperatur in °C	13	13	13	14	16	20	23	24	22	20	17	15

☀ Sonnenschein Stunden/Tag   ☂ Niederschlag Tage/Monat   ≋ Wassertemperatur in °C

SPICKZETTEL
FRANZÖSISCH

ja/nein/vielleicht	oui/non/peut-être	ui/nong/pöhtätr
bitte	s'il vous plaît	ßil wu plä
danke	merci	märßih
Gute(n) Morgen!/Tag!/Abend!/Nacht!	Bonjour!/Bonjour!/Bonsoir!/Bonne nuit!	bongschuhr/bongschuhr/bongßoar/bonn nüi
Hallo!/Tschüss!/Auf Wiedersehen!	Salut!/Salut!/Au revoir!	ßalü/ßalü/o rövoar
Ich heiße …	Je m'appelle …	schö mapäll …
Ich komme aus …	Je suis de …	schö süi dö …
Entschuldigung!	Pardon!	pardong
Wie bitte?	Comment?	kommang
Das gefällt mir (nicht).	Ça (ne) me plaît (pas).	ßa (nö) mö plä (pa)
Ich möchte …	Je voudrais …	schö wudrä
Haben Sie?	Avez-vous?	aweh wu

ESSEN & TRINKEN

Die Speisekarte, bitte.	La carte, s'il vous plaît.	la kart ßil wu plä
Könnte ich bitte … haben?	Puis-je avoir … s'il vous plaît?	püischö awoar … ßil wu plä
Flasche/Karaffe/Glas	bouteille/carafe/verre	buteij/karaf/wär
Messer/Gabel/Löffel	couteau/fourchette/cuillère	kutoh/furschät/küijär
Salz/Pfeffer/Zucker	sel/poivre/sucre	ßäl/poawr/ßükr
Essig/Öl	vinaigre/huile	winägr/üil
Milch/Sahne/Zitrone	lait/crème/citron	lä/kräm/ßitrong
mit/ohne Eis/Kohlensäure	avec/sans glaçons/gaz	awäk/ßang glaßong/gaß
Vegetarier(in)	végétarien(ne)	weschetarijäng/weschetarijänn
Ich möchte zahlen, bitte.	Je voudrais payer, s'il vous plaît.	schö wudrä pejeh ßil wu plä

NÜTZLICHES

Wo ist …?/Wo sind …?	Où est …?/Où sont …?	u ä …/u ßong …
Wie viel Uhr ist es?	Quelle heure est-il?	käl ör ät il
heute/morgen/gestern	aujourd'hui/demain/hier	oschurdüi/dömäng/jähr
Wie viel kostet …?	Combien coûte …?	kombjäng kuht …
Wo finde ich einen Internetzugang/WLAN?	Où puis-je trouver un accès à internet/wi-fi?	u püische truweh äng akßä a internet/wifi
Hilfe!/Achtung!	Au secours!/Attention!	o ßökuhr/attangßjong
Fieber/Schmerzen	fièvre/douleurs	fiäwrö/dulör
Apotheke/Drogerie	pharmacie/droguerie	farmaßi/drogöri
offen/geschlossen	ouvert/fermé	uwär/färmeh
gut/schlecht	bon/mauvais	bong/mowä
links/rechts/geradeaus	à gauche/à droite/tout droit	a gohsch/a droat/tu droa
Panne/Werkstatt	panne/garage	pann/garahsch
Fahrplan/Fahrschein	horaire/billet	orär/bije
0/1/2/3/4/5/6/7/8/9/10/100/1000	zéro/un, une/deux/trois/quatre/cinq/six/sept/huit/neuf/dix/cent/mille	sero/äng, ühn/döh/troa/katr/ßänk/ßiß/ßät/üit/nöf/diß/ßang/mil

URLAUBS FEELING

ZUM EINSTIMMEN & AUSKLINGEN

LESESTOFF & FILMFUTTER

DER KOPF DES KORSEN

Weil der Pate von Paris ein Kopfgeld auf sie ausgesetzt hat, werden Andreotti und Lefevre versetzt. Auf Korsika sollen die beiden Ermittler eine Blutrache aufklären – und geraten ins Kreuzfeuer zweier verfeindeter Clans: Was für ein Vendetta-Krimi! (2015)

FREMDE TOCHTER

Beim Urlaub auf Korsika stürzt eine Familie von der Küstenstraße in die Tiefe. Nur die 15-jährige Clothilde überlebt. Als sie 27 Jahre später zurückkehrt, öffnet ein Brief ihrer toten Mutter alte Wunden. War es kein Unfall? (2017)

DAS HAUS AUF KORSIKA

Der Tod ihrer Großmutter reißt Christina aus ihrem freudlosen Leben in Charleroi: Sie erbt ein Haus auf Korsika. Die junge Frau erkennt ihre Chance und bricht auf in eine ungewisse Zukunft. Preisgekrönt! (2011)

WILLKOMMEN BEI DEN KORSEN

Privatdetektiv Rémi François soll für einen zwielichtigen Notar auf Korsika Ange Leoni ausfindig machen. Doch auch korsische Mafia und französische Flics sind dem Erben auf der Spur ... Lachmuskeltraining! (2004)

PLAYLIST QUERBEET

0:58

I MUVRINI – LUCIOLE
Dudelsack & Gitarre, Percussion & Polyphonie – Paghjella meets Pop bei Korsikas Folkkönigen

CHJAMI AGHJALESI – CATENA
Traditionelle korsische Klänge und Themen von heute: Erfolgsrezept der Musiker aus Bastia

BELI BLANCO – JAMAIS MORT
Hier ist der Beweis: Korsika kann auch Rap!

ALIZÉE – MOI ... LOLITA
Mit dieser Debütsingle stürmte die Korsin 2000 die Charts; bis 2017 folgten sechs Studioalben

MIREILLE MATHIEU – KORSIKA
Korsika, wo die Freiheit wohnt: So schwärmte der Schlagerstar 1972 von der Insel

PATRICK BRUEL – CORSU MEZU MEZU
Hommage an die Lieblingsinsel: 15 Chansons, von Korsika inspiriert

Den Soundtrack zum Urlaub gibt's auf **Spotify** unter **MARCO POLO** France

Oder Code mit Spotify-App scannen

AB INS NETZ

PHOTOTRAVELLERS.DE/FOTO GALERIE-KORSIKA
Lust auf Korsika machen Biggi und Flo mit ihren Natur- und Outdoorfotos. Wer gerne fotografiert, kann Kurse buchen!

GEOVÉLO
Geovélo ist weit mehr als ein Routen-planer fürs Rad: Auf der App und im Web gibt es jede Woche Routentipps.

INSTAGRAM.COM/CORSICA_BESTSPOT
Fernweh pur vermittelt diese Seite – die schönsten Fotos von Korsika vereint.

MEINFRANKREICH.COM
Seit 2010 bloggt die Hamburger Jour-nalistin und Wahlfranzösin Hilke Maunder über ihre Herzensheimat und hält auf vielen Seiten noch mehr Insidertipps, Infos und Impressionen über Korsika bereit.

U TALK KORSISCH
Ein paar Brocken in der Landesspra-che können gerade im Inselinneren hilfreich sein. Und Spaß bringt diese spielerisch aufgebaute App unge-mein! Wählt eure Lernstufe von leicht bis schwer und legt los!

TRAVEL PURSUIT

DAS MARCO POLO URLAUBSQUIZ

Weißt du, wie Korsika tickt? Teste hier dein Wissen über die kleinen Geheimnisse und Eigenheiten von Land und Leuten. Die Lösungen findest du in der Fußzeile. Und ganz ausführlich auf den S. 18–23.

❶ Was führten die Korsen ein – und wurden damit Vorbild für die Vereinigten Staaten?
a) Frauenwahlrecht
b) Demokratische Verfassung
c) Unabhängige Gerichte

❷ Was wird als „Vendetta" bezeichnet?
a) Kopfbedeckung
b) Korsische Automarke
c) Traditionelle Blutrache

❸ Der korsische Paghjella-Gesang gehört seit 2009 zum Welterbe. Was macht ihn besonders?
a) Polyphonie
b) Glockenläuten
c) Dudelsack

❹ Wer war André Spada?
a) Korsischer Popstar
b) Ehrenbandit
c) Separatistenführer

❺ Welcher korsische Käse hat angeblich solche Ausdünstungen, dass er im Comic „Asterix bei den Korsen" für eine Explosion sorgt?
a) Casgiu Merzu
b) Brocciu
c) Sartène

❻ Welche Früchte kannst du im Winter beim Spaziergang durch die Macchia naschen?
a) Pfirsiche
b) Baumerdbeeren
c) Kirschen

Auf Korsika musst du dich nicht bücken, um Erdbeeren zu ernten

❼ Wer wird Korsikas „General der Nation" genannt?
a) Napoleon
b) Pasquale Paoli
c) Sampiero Corso

❽ Woher hat die Macchia ihren Namen bekommen?
a) Napoleon
b) Zistrose
c) Griechen

❾ Wer stellte bearbeitete Riesensteine in die Landschaft, die man heute noch besichtigen kann?
a) Obelix
b) Pisaner
c) Megalithiker

❿ Welchen Beinamen trägt Korsika stolz?
a) Insel der Schönheit
b) Insel der Freiheit
c) Insel der Berge

⓫ Wo wollte Napoleon beigesetzt werden, hätte er nicht einen würdigen Platz im Invalidendom in Paris bekommen?
a) Inmitten der Bergwelt Korsikas, umgeben von Macchia
b) In Ajaccio, seiner Geburtsstadt
c) Auf St. Helena an seinem Lieblingsstrand

⓬ Wer gilt als die schönste Repräsentantin Korsikas?
a) Colomba Bartoli
b) Marianne
c) Laetitia Casta

⓭ Welcher Wind bringt Kälte auf die Insel?
a) Maestro
b) Maestrale
c) Maestà

REGISTER

LOB ODER KRITIK? WIR FREUEN UNS AUF DEINE NACHRICHT!

Trotz gründlicher Recherche schleichen sich manchmal Fehler ein. Wir hoffen, du hast Verständnis, dass der Verlag dafür keine Haftung übernehmen kann.

MARCO POLO Redaktion • MAIRDUMONT • Postfach 31 51 73751 Ostfildern • info@marcopolo.de

Impressum

Titelbild: Bonifacio (huber-images: L. Linder)

Fotos: DuMont Bildarchiv: Widmann (69); R. Hackenberg (92/93); huber-images: Borchi (59), M. Breitung (6/7), S. Damm (136/137), C. Dörr (74), P. Giocoso (124), R. Mirau (62/63), R. Spila (Klappe vorne außen), Stadler (11), O. Stadler (23); laif: G. Haenel (139), P. Hahn (60, 89), G. Westrich (38/39, 48); laif/GAMMA-RAPHO: P. Marcelles (19); laif/hemis.fr: A. Brusini (Klappe vorne innen/1, 129), M. Cavalier (12/13), F. Guiziou (90, 126/127), J.-F. Mallet (26/27), C. Moirenc (20, 51, 52), B. Rieger (97); laif/Le Figaro Magazine: S. Fautre (76/77), Martin (131); laif/REA: R. Beurrier (30/31); laif/robertharding: J. Miller (14/15); Look: E. Fleisher (47), R. Mirau (80), K. Wothe (116); Look/Axiom (66); Look/SagaPhoto (34); Look/ClickAlps (24/25); H. Maunder (151); mauritius images: B. Nitzsche (2/3, 10); mauritius images/age (27); mauritius images/Alamy (72, 83, 108/109, 113, 132), A. Geiss (148/149), C. Redgrave-Close (9), E. Sergeev (114), W. Skrypczak (119), J. Wlodarczyk (86); mauritius images/BKWine.com/Alamy: P. Karlsson (8); mauritius images/CuboImages: E. Spanu (31, 146/147); mauritius images/imageBroker: R. Poller (105), H. Pöstges (106); mauritius images/John Warburton-Lee: D. Bannister (84); mauritius images/Martin Thomas Photography/Alamy (101); mauritius images/robertharding: R. Moiola (32/33); mauritius images/RooM the Agency/Alamy (102); mauritius images/Westend61: H. Mitterer (123); mauritius images/Zoonar/Alamy (98); Schapowalow/SIME/Onlyfrance: Barberon-ana (44); T. P. Widmann (55)

16. Auflage 2020, komplett überarbeitet und neu gestaltet

© MAIRDUMONT GmbH & Co. KG, Ostfildern

Autorinnen: Gabriele Kalmbach, Hilke Maunder
Redaktion: Leonie Neumann
Bildredaktion: Stefanie Wiese
Kartografie: © MAIRDUMONT, Ostfildern (S. 36–37, 128, 132, 134, Umschlag außen, Faltkarte); © MAIRDUMONT, Ostfildern, unter Verwendung von Kartendaten von OpenStreetMap, Lizenz CC-BY-SA 2.0 (S. 40–41, 43, **57**, 64–65, 71, 78–79, 94–95, 110–111, 120–121)
Als touristischer Verlag stellen wir bei den Karten nur den De-facto-Stand dar. Dieser kann von der völkerrechtlichen Lage abweichen und wird wertungsfrei. Gestaltung Cover, Umschlag und Faltkartencover: bilekjaeger_Kreativagentur mit Zukunftswerkstatt, Stuttgart; Gestaltung Innenlayout: Langenstein Communication GmbH, Ludwigsburg
Spickzettel: in Zusammenarbeit mit PONS GmbH, Stuttgart
Texte hintere Umschlagklappe: Lucia Rojas
Konzept Coverlines: Jutta Metzler, bessere-texte.de

Printed in China

MARCO POLO AUTORIN
HILKE MAUNDER

Bastia, 1990. Als ich neugierig in der Zitadelle die Tür einer Kapelle öffnete, hörte ich Gänsehaut-Klänge: tiefe Stimmen, melancholisch, fast schon traurig, plötzlich gewaltig, laut und eindringlich. Erst viel später erfuhr ich, dass ich die Paghjella gehört hatte, urkorsisch wie die Macchia, deren Duft ich selbst in meiner Hamburger Schreibstube wachrufen kann, wenn ich Sehnsucht nach Korsika habe.

BLOSS NICHT!

FETTNÄPFCHEN UND REINFÄLLE VERMEIDEN

GETRENNT ZAHLEN

Das ist für Franzosen der Gipfel des Egoismus und der Unhöflichkeit. Hat man getafelt, lädt entweder einer ein und zahlt für alle. Oder die Gesamtsumme wird geteilt, egal, wer was genau gegessen und getrunken hat.

TISCHE IN BESCHLAG NEHMEN

Hurra, da ist noch ein freier Tisch! Hingestürmt und gleich besetzt: So läuft das nicht in Frankreich. Selbst in einfachen Brasserien erwartet der Wirt, dass du ihn fragst, wohin du dich setzen darfst. Das gilt auch bei Reservierugen. Bitte immer schön warten, bis der Platz persönlich zugewiesen wird. Und mit einem Lächeln und einem *merci* den Dank ausdrücken!

KNAUSERIG BEIM TRINKGELD

Trinkgeld gehört selbst beim schnellen Kaffee am Tresen zum guten Ton. Man zahlt, lässt sich korrekt das Restgeld zurückgeben und lässt 20 bis 50 Cent beim Gehen auf dem Tisch liegen – beim Kaffee, beim Essengehen rund 10 Prozent des Rechnungsbetrags.

VORNE SITZEN

Auch im Taxi droht der Fauxpas: Wer sich nach vorne setzt, kriegt Ärger mit dem Fahrer – denn er denkt, du willst ihn überfallen. Immer hinten einsteigen!

NACKT IN DIE SAUNA

Oben ohne ist auf Korsika am Strand verboten. Und verhüllt geht es auch in die Sauna: Man schwitzt im Badezeug, aber niemals splitterfasernackt!